岡　山　文　庫

336

岡山空襲

－記録と写真からまなぶ－

木村　崇史

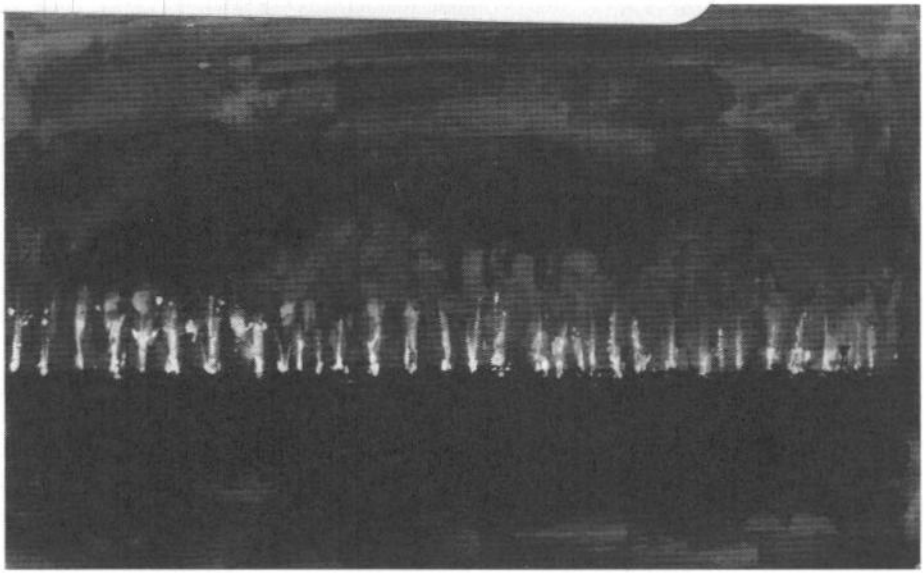

日本文教出版株式会社

はじめに

本書では、かつてアメリカ軍によって行われた岡山への空襲《くうしゅう》（以下、岡山空襲といいます）について解説します。

1945年6月29日の午前2時43分から4時7分にかけて、138機のアメリカ軍の爆撃機《ばくげきき》B－29が、約890トンの焼夷弾《しょういだん》を岡山のまちに落としました。その結果、当時のまちのほとんどが焼け野原になり、2千人近い人々が亡《な》くなりました。

岡山空襲について簡単に書くなら、わずかこれだけのことです。しかし、なぜ岡山が空襲を受けることになったのでしょうか。そして、具体的にどれだけの被害《ひがい》があったのでしょうか。本書では、それをくわしくみていきます。

この岡山文庫のシリーズでは、1985年に『岡山の戦災』が出版されましたが、今では手に入りにくくなっています。また、約40年前にはわかっていなかったことが、その後の新しい資料や研究により少しずつ明らかになってきています。特に、空襲を行ったアメリカ軍の計画や準備については、かなりくわしくわかるようになりました。

そうした新しくわかったことをふまえて、本書は、岡山空襲について初めて学ぶ人が最初に読む本としてふさわしいものになることをめざしました。

とはいえ、この本の内容のほとんどは学校でくわしく習うものではありません。そのうえ、戦争や軍事に関することは複雑《ふくざつ》で、どうしても難《むずか》しくなりがちです。

そこで、重要なポイントを短く簡単にまとめた文章を、要所に用意しました。内容が難しいなと感じたら、まずはそのポイントと図表や写真だけでも目にしてみてください。それだけでも、なぜ岡山が空襲を受けたのか、どれだけの被害が出たのかを、他の人に説明できるようになるはずです。

そして、もっとくわしく知りたいと思ったなら、改めて本書全体を読み返してほしいと思います。

2024年8月

木村　崇史

岡山空襲 ―記録と写真からまなぶ― ／目次

表紙…自宅の焼跡に立つ男性　岡山市北区駅前町　1945年　緑川洋一撮影　緑川洋一記念室所蔵　株式会社山陽新聞社協力
裏表紙…㊙焼夷弾爆撃ニ依ル焼失状況図　1945年6月29日以降　岡山市立中央図書館所蔵
扉…素描　無題　金谷哲郎作　1945年

1　日本への空襲が始まるまで

――満州事変《まんしゅうじへん》からアジア・太平洋戦争のはじまり

アメリカ軍による日本への空襲は、アジア・太平洋戦争のなかで行われた攻撃でした。このアジア・太平洋戦争が始まるまでの歴史の流れを、簡単にふりかえっておきましょう。

●満州事変と日中戦争

1930年代はじめ頃の日本は世界恐慌《きょうこう》のあおりを受けた不景気で、仕事を失った人たちがあふれていました。また、農村では天候不良が続いて農作物ができず、食料不足にも苦しんでいました。こうしたなかで、日本は新しい土地や資源を国外に求めるようになります。そこで注目されたのが、中国の東北部にある「満州」と呼ばれる地域でした。

1905年に日露戦争で勝利した日本は、満州で鉄道会社を経営する権利を手に入れていました。この鉄道会社は、鉄道だけでなく、炭鉱《たんこう》や製鉄所、都市の経営なども手がける大企業で、とても大きな利益《りえき》が日本にもたらされました。また、満州の広く豊かな土地で農業をすすめるために、日本から多くの人が移民していました。こうして満州は、当時の日本にとって生命線といえるほどの重要な場所になっていました。それらを守るため、日本軍は部隊（のちの関東軍）を置いていました。

しかし、やがて、奪《うば》われた土地や権利を取り戻そうと、中国の人々が抵抗《ていこう》運動を始めます。このままでは満州での権益を失うかもしれないと恐れた関東軍は、1931年に自ら鉄道を爆破する事件を起こします。そして、それを中国の犯行だと主張して中国への侵攻を開始しました。これを満州事変といいます。

1932年3月、関東軍は中国東北部に満州国を建国します。この満州国は日本が支配する傀儡《かいらい》政権で、その実権は関東軍が握《にぎ》っていました。しかし、国際連盟《こくさいれんめい》は満州国の存続を認めませんでした。そのため、日本は1933年に国際連盟を脱退《だったい》し、国際社会から孤立《こりつ》していきます。

日本軍はさらに中国北部へ進軍して次々と都市を占領《せんりょう》し、ついには1937年に中国と全面的な戦争（日中戦争）に突入します。中国はアメリカやイギリスの援助《えんじょ》を受けながら日本に対して抵抗を続けたため、日中戦争は長期化しました。

●第二次世界大戦の始まりと日独伊三国同盟《にちどくいさんごくどうめい》

また、ヨーロッパでは、ドイツが１９３９年にイギリスやフランスと戦争をはじめ、第二次世界大戦が始まりました。ドイツはパリを占領《せんりょう》してフランスを降伏《こうふく》させるなどして勝利を重ね、やがてヨーロッパのほとんどを支配下に置くようになります。こうしたドイツの優勢をもとに、日本とドイツ、イタリアは１９４０年９月に日独伊三国同盟を結びます。この３国はいずれも国際連盟を脱退したもの同士でした。

この同盟の主な目的は、ヨーロッパやアジアでの戦いにアメリカが参戦しないよう圧力をかけることでした。また、日本は、ヨーロッパでのドイツの勝利は確実と考えていました。そのため、ドイツと同盟を結ぶことで、戦後は戦勝国として有利な立場になることもねらっていました（しかし、こうした日本のねらいは、のちにドイツが敗北したことで完全に外れることになります）。

●日本の太平洋南部への進出により深まる対立

ドイツとイタリアとの同盟を背景に、日本は、アメリカやヨーロッパの国々の植民地《しょくみんち》が数多くある東南アジアや太平洋の赤道付近にある島々へと進出していきます。

日本のねらいは、ひとつには中国を支援するアメリカ・イギリスなどの植民地を奪って、中国への補給路《ほきゅう》を断ち、行き詰《づ》まった日中戦争を有利に進めることにありました。さらに、戦争を続けるために必要な石油やゴムなどの資源を手に入れるためでもありました。

1940年9月、日本はフランス領インドシナ（ベトナム、ラオス、カンボジアなどの地域）の北部に進軍します。こうした日本の動きにより、アメリカやヨーロッパの各国は、自らの植民地も日本に侵略《しんりゃく》されるかもしれないと考え、日本と対立を深めていきます。

日本はアメリカとの戦争を避《さ》けるための交渉《こうしょう》を1941年4月から始めます。しかし、それと同じ頃、日本はソビエト連邦《れんぽう》と日ソ中立条約を結んで、北方の安全を確保し、フランス領インドシナの南部へとさらに進軍していきました。

これを重く見たアメリカは、日本への石油や鉄の輸出を禁止するなどの経済制裁《けいざいせいさい》をはじめます。イギリスやオランダもアメリカに同調しました。石油は人々の日常生活や産業はもちろん、戦争を続けていくためにも不可欠なものですが、日本はその大部分を輸入にたよっていました。そして、当時の日本の石油輸入量の約8割がアメリカからでした。そのため日本では、経済制裁を打ち破るために早くアメリカと開戦するしかないと主張する声が大きくなってきました。

アメリカは日本との交渉のなかで、中国とフランス領インドシナから軍を引き揚《あ》げるよう要求します。しかし、日本はこれを受け入れることができず、最終的にアメリカとの戦争を決定しました。

●アジア・太平洋戦争のはじまり

日本は、1941年12月8日、イギリス領だったマレー半島（現・マレーシア）を奇襲《きしゅう》し、ハワイ真珠湾《しんじゅわん》のアメリカ海軍基地にも奇襲攻撃を行います。こうして、日本とアメリカ・イギリスとの戦争＝アジア・太平洋戦争が始まりました。

また、日本とアメリカが戦争状態になったことで、日本の同盟国であるドイツとイタリアもアメリカに宣戦布告《せんせんふこく》をしました。これにより、ヨーロッパとアジアとで別々に起こっていた戦争が、文字通りの世界大戦へと拡大したのです。

アジア・太平洋戦争では、１９４２年春頃までは日本が次々と勝利を重ね、シンガポール、フィリピン、インドネシア、ビルマなど東南アジアの島々を占領していきました。

アメリカは、優勢を続ける日本に反撃する方法を考え、そのひとつとして日本本土への空襲を計画します。

2　空襲とは――爆撃《ばくげき》の種類と歴史

アメリカ軍による日本への空襲について説明する前に、そもそも空襲とはどのような攻撃で、どのような目的で行われる攻撃なのかについて、ここでみておきましょう。

●戦術《せんじゅつ》爆撃と戦略《せんりゃく》爆撃

空襲（空爆ともいいます）は、空から爆弾を落としたり、機銃《きじゅう》を撃ったりして、地上の目標を攻撃することをいいます。なかでも、爆弾を落とす攻撃＝爆撃が主に使われました。

空襲は、その目的によって、戦術爆撃と戦略爆撃の二つにわけることができます。

戦術爆撃とは、戦場で敵の戦闘《せんとう》部隊を直接攻撃することです。地上での戦いであれば敵軍の兵士や戦車などを攻撃します。海上での戦いであれば軍艦《ぐんかん》などを攻撃します。もちろん、飛行機同士の戦闘もあります。こうすることで、それぞれの戦場での戦いを自軍により有利に進めさせることが目的でした。

戦略爆撃とは、戦場から離《はな》れた敵国の領土を直接攻撃することです。この戦略爆撃はさらに二つにわけることができます。

ひとつは、工場や港、油田《ゆでん》などの軍事施設を破壊《はかい》する「精密《せいみつ》爆撃」です。これには、工場を壊《こわ》すことで兵器を生産する能力を失わせ、また港や油田を壊すことで補給（戦場へ人や兵器や燃料を届けること）する能力を失わせる目的があります。

もうひとつは、住宅地や商業地などのふつうの人々が生活しているエリアを破壊する「都市爆撃」です。爆撃で家を破壊したり、人々の命を奪ったりすることで、人々に恐怖を与えるとともに生活を苦しくさせ、敵国民から戦争を続ける気持ちを失わせる目的がありました。この都市爆撃は、軍事施設と非軍事施設を区別せずに行う攻撃なので、無差別爆撃とも呼ばれます。

たとえば、将棋《しょうぎ》の対局で考えてみましょう。一方が王手をかけて、もう勝敗が決まったような状態があったとします。しかし、そこで負けている方が手元から新しい駒《こま》をいきなり取り出して盤面にならべ、対局を続けようとしたらどうでしょうか。もちろん本来はルール違反ですが、それが違反にならずに、そのまま続けてもよいとなったら…？最初に王手をかけていた側が逆転負けするかもしれません。あるいは、お互いに自分がピンチになったら新しい駒を出すようになり、対局が永遠に続いてしまうかもしれません。

あるいは、アンパンマンという作品で考えてみましょう。この作品では、アンパンマン（とその仲間たち）が、悪さを起こすライバルのばいきんまんとよく戦いになります。そして戦いのなか、アンパンマンがいったんピンチにおちいるのが、よくあるパターンです。アンパンマンは、戦いの前におなかが空《す》いて困っている人に顔を分け与えていたり、戦いの途中で顔が水に濡《ぬ》れたり、顔の形が変わったりしたためにパワーダウンしているわけです。それを、ジャムおじさんをはじめとする仲間たちの助けで、アンパンマンは新しい顔を得て力を取り戻し、ばいきんまんを返り討ちにします。

ばいきんまんからしてみると、せっかく勝てそうだったのに、後出しジャンケンのようにアンパンマンがパワーアップして自分が負けるのは、おもしろくないことでしょう。

さて、ばいきんまんがアンパンマンに完全に勝つにはどうすればよいのでしょうか。たとえば、アンパンマンの新しい顔が作られないように、ジャムおじさんのパン工場を壊すという方法が考えられます（そういうエピソードが実際にあったかもしれません）。もっと残酷《ざんこく》な方法だと、ジャムおじさんを殺してしまうこともで考えられます。

これらの例で使った、新しい将棋の駒やアンパンマンの顔は、現実の戦争で言えば新しく作られる兵器であったり、訓練を終えた兵士であったりします。つまり、戦いを続ける力（戦争継続《けいぞく》能力あるいは継戦能力）です。戦争で負けている方も、新しい兵士や兵器を戦場にどんどん送り込めば、戦いを続けることができます。すると、勝っている方も、勝っているのにじりじりと消耗《しょうもう》し、場合によっては負けてしまう可能性も出てきます。

戦争には、人命はもちろん、多くのお金や資源が使われます。戦争が長引けば長引くほど、国家の体力がけずりとられていきます。そのため、戦争に参加している国はどこも、より早く勝ちたい、より早く戦争を終わらせたいと考えます。

いったん始まってしまった戦争が終わりを迎えるのは、ほとんどの場合、敵国が降伏したときになります。そして、降伏は、もうこれ以上戦えない状況になって、ようやく選ばれるものです。この戦えない状況というのは、たとえば新しい兵器を作ることができなくなったり、兵士になる人がいなくなったりすることを指します。

戦略爆撃は、工場や港、住宅地を破壊して、敵国から戦いを続ける力と気持ちを失わせるものでした。それを敵国の広い範囲に何度も行うことで、これ以上戦争を続けられない状態まで敵国を追い込み、ゆくゆくは降伏させる。これこそがまさに、戦略爆撃が行われる理由なのです。

●空襲の歴史

空襲は、現代の戦争では一般的な攻撃方法ですが、かつて日本が戦争をしていた1930〜40年代では、比較《ひかく》的新しい攻撃方法でした。

歴史上、最初に行われた空襲は1849年のことで、オーストリア帝国がイタリアのヴェネツィアに対し、気球と風船爆弾で攻撃しました。まだ飛行機が無かったこの時代では、気球や飛行船が使われていました。

1903年、ライト兄弟により世界初の有人動力飛行が達成され、いわゆる飛行機が誕生します。飛行機は兵器として注目されていたこともあり、これ以後、開発と実用化が急速に進みました。

飛行機が実戦で兵器として最初に使われたのは1911年のことです。オスマン帝国と戦争中のイタリア軍が、飛行機から手榴弾《しゅりゅうだん》を地上に落として攻撃しました。

しかし、このころの戦争における飛行機の役目は、敵の部隊や拠点《きょてん》を空から探したり、指揮を前線に連絡したりといった、地上で戦う部隊のサポートがほとんどでした。

１９１４年から始まった第一次世界大戦では、戦争に飛行機が本格的に投入され、何度も空襲が行われました。戦場で敵の部隊を攻撃する戦術爆撃だけでなく、敵国の領土にある工場や住宅地などを攻撃する戦略爆撃も高い成果を上げました。ドイツ軍が、１９１４年にフランスのパリを爆撃し、さらに１９１７年にはイギリス本土を爆撃しました。これらの報復《ほうふく》（仕返し）として、イギリス、フランスもドイツを爆撃しています。

１９１４年から１９１８年まで続いた第一次世界大戦を通して、空襲（爆撃）という攻撃の有効性を、各国はまざまざと実感します。そして、空からの攻撃が、これからの戦争のありかたを決定づけると考える人たちもあらわれるようになります。そのため、これ以後、各国の軍隊では航空戦力を充実させることが重要視されていきました。そして、飛行機による攻撃の研究、性能のよい戦闘機や爆撃機の開発、そして爆撃を専門とする部隊「戦略爆撃部隊」の創設などが各国で進んでいきます。

3　日本本土への空襲――アメリカ軍の計画と実行

ポイント

1941年12月から日本とアメリカとの戦争（アジア・太平洋戦争）が始まります。戦争の最初のころは、日本軍の方が勝っていました。負けが続くアメリカ軍は、日本に反撃するため、日本本土にある工場や住宅地を空襲する計画を立て、1942年4月に最初の空襲を行います。

しかし、このころの空襲では、アメリカ軍が攻撃できる日本の地域はとても限られていました。爆撃機の性能不足や、基地が日本から遠すぎるなどの問題があったからです。

第一次世界大戦（1914〜1918）では戦争に航空機が本格的に投入され、戦場に対してだけでなく都市への爆撃にも高い成果を上げました。そのため、各国の軍隊では航空機による攻撃の研究や航空戦力の拡充が進みました。アメリカもすでに新しい爆撃機などの開発を始めていました。そうしたなかで日本とアメリカは戦争状態に突入していきます。

① 日本本土への初空襲・ドゥーリットル空襲

1941年に日本がアメリカやイギリスと開戦した当初、戦争は日本に有利な状況が続いていました。優勢を続ける日本に打撃を与えるため、アメリカは日本本土への空襲を計画します。

しかし、大きな問題がありました。当時のアメリカ軍は、中国の成都《せいと》やインドのカラグプールに飛行場を持っていましたが、そこから日本まで往復可能な性能を持つ爆撃機がなかったのです。

そのため、アメリカ軍がとった作戦は、反撃されないぎりぎりのところまで日本に近づけた空母《くうぼ》（航空機を運ぶ軍艦）から飛び立ち、日本へ攻撃を行ったのち中国大陸へ抜け出すことを目指すものでした。

1942年4月18日、ジミー・ドゥーリットル中佐《ちゅうさ》が率《ひき》いる16機のB-25が東京近辺と名古屋、神戸に侵入《しんにゅう》し、集束焼夷弾《しょうい》や通常爆弾の投下と機銃掃射《そうしゃ》を行いました。これにより日本側には死者約90名、重軽傷者約450名、全焼・全壊した家屋112棟（180戸）、半壊51棟（104戸）という被害が出ました。この空襲は、爆撃部隊の指揮をとっ

ホーネット甲板《かんぱん》上のドゥーリットルとミッチャー 1942年4月18日（原資料：アメリカ国立公文書館所蔵・工藤洋三提供）

空母ホーネットの甲板上で記念撮影をするドゥーリットル（手前左）とホーネットの艦長マーク・ミッチャー（手前右）。ドゥーリットルが手にしているのは、かつて日本政府が彼に授与した紀元2600年記念式典賞。これを爆弾に取り付けて、日本に投下しました。

たドゥーリットル中佐の名前をとって、ドゥーリットル空襲と呼ばれています。

このときの日本は、アメリカ軍の空襲を全く想定しておらず、強い衝撃《しょうげき》を受けます。しかし同時に、一般市民が犠牲《ぎせい》になったことは大きく報道されました。それにより、日本の人々はアメリカへの敵対心を高めることとなりました。

一方のドゥーリットル隊の被害も大きく、中国大陸へ抜け出そうとした機体のほとんどを失いました。さらに隊員8名が日本の捕虜《ほりょ》となって、そのうち3名が銃殺刑となりました。

このドゥーリットル空襲は、アメリカ軍にとって課題を抱えるなかで決行された作戦でした。その課題とは、もっと長い距離《きょり》を航行可能な爆撃機が必要であること、そして日本により近い位置に基地をつくる必要があることの2点です。これらはのちに、爆撃機B-29の開発・量産と、アメリカ軍によるマリアナ諸島の占領によって解消されることになります。

② 超長距離爆撃機B‐29

ポイント アメリカ軍は日本への空襲をより効果的に行うための準備を進めていきます。

そのひとつが、大型の爆撃機B‐29の開発と大量生産です。このB‐29は約3・6トンもの大量の爆弾を積んで、約5600kmもの長距離を飛行できる性能がありました。当時、世界最大の爆撃機でした。

1944年6月から8月にかけて、B‐29によって八幡《やはた》製鉄所などの九州北部への爆撃が行われました。しかし、B‐29の性能をもってしても、基地が日本から遠すぎて、日本全体をうまく攻撃できないという問題が残りました。

●B‐29の開発

B‐29は「超空《ちょうそら》の要塞《ようさい》」とも呼ばれた当時世界最大の爆撃機です。全長約30mで、約3・6トンの爆弾を搭載《とうさい》した状態で約5600kmもの航行が可能でした。

日本との開戦以前の1939年に、アメリカ軍はすでに長距離爆撃機の開発計画を開始していました。1941年5月には長距離爆撃機を量産する契約をボーイング社と結び、試作機が完成したのが1942年9月でした（ドゥーリットル空襲が行われた1942年4月にはまだ完成していませんでした）。

1943年になると、アメリカ軍はB-29を日本との戦いのみに使用することを決定し、B-29を運用するための専門部隊も新しくつくられました。1944年4月にはインドや中国にある飛行場にB-29を配備し、日本への空襲をはじめる準備をすすめていきました。

●B-29による八幡製鉄所空襲

1944年6月15日に、B-29は八幡製鉄所（現・福岡県北九州市）を空襲し

カンザス州ウィチタのボーイング社の工場で生産されるB-29
1944年9月（原資料：アメリカ国立公文書館所蔵・工藤洋三提供）

ます。これが、B-29が日本に対して初めて実行した空襲です。その後、8月下旬までにかけて、B-29による北九州地域への空襲が数回行われています。

八幡製鉄所の模型を使って教官がB-29の乗組員に説明するところ（原資料：アメリカ国立公文書館所蔵・工藤洋三提供）

日本本土初空襲に備えて出撃を待B-29
1944年6月15日
（原資料：アメリカ国立公文書館所蔵・工藤洋三提供）
八幡製鉄所空襲に向けて準備をする中国・成都の基地。

この段階のアメリカ軍は、インドのカラグプールの飛行場からB‐29を離陸《りりく》させ、中国の成都付近の前進基地を経由し、そこから日本本土を攻撃する方法しかとれませんでした。この方法では、B‐29の性能をもってしても、満州と九州北部までが到達できる距離の限界でした。（P.26図1）

　また、インドの基地から中国の基地まで補給を行うにも、ヒマラヤ山脈を越えて空輸をしなければなりま

八幡製鉄所を空襲するB-29　1944年8月20日
（原資料：アメリカ国立公文書館所蔵・工藤洋三提供）

２度目の八幡空襲の様子。写真中央付近のコークス炉《ろ》周辺からは盛んに煙があがっています。

せんでした。このルートはハンプ越えと呼ばれ、高度9千mまで機体を上昇させてヒマラヤ山脈を越えるものでした。機体の耐寒性能も充分ではないなかで高空の強い風と厳しい寒さに耐える必要があり、そうまでしてもなお空輸中の事故が多発するという危険な方法でした。

この時期のB-29の運用は、このように大きな問題を抱えていました

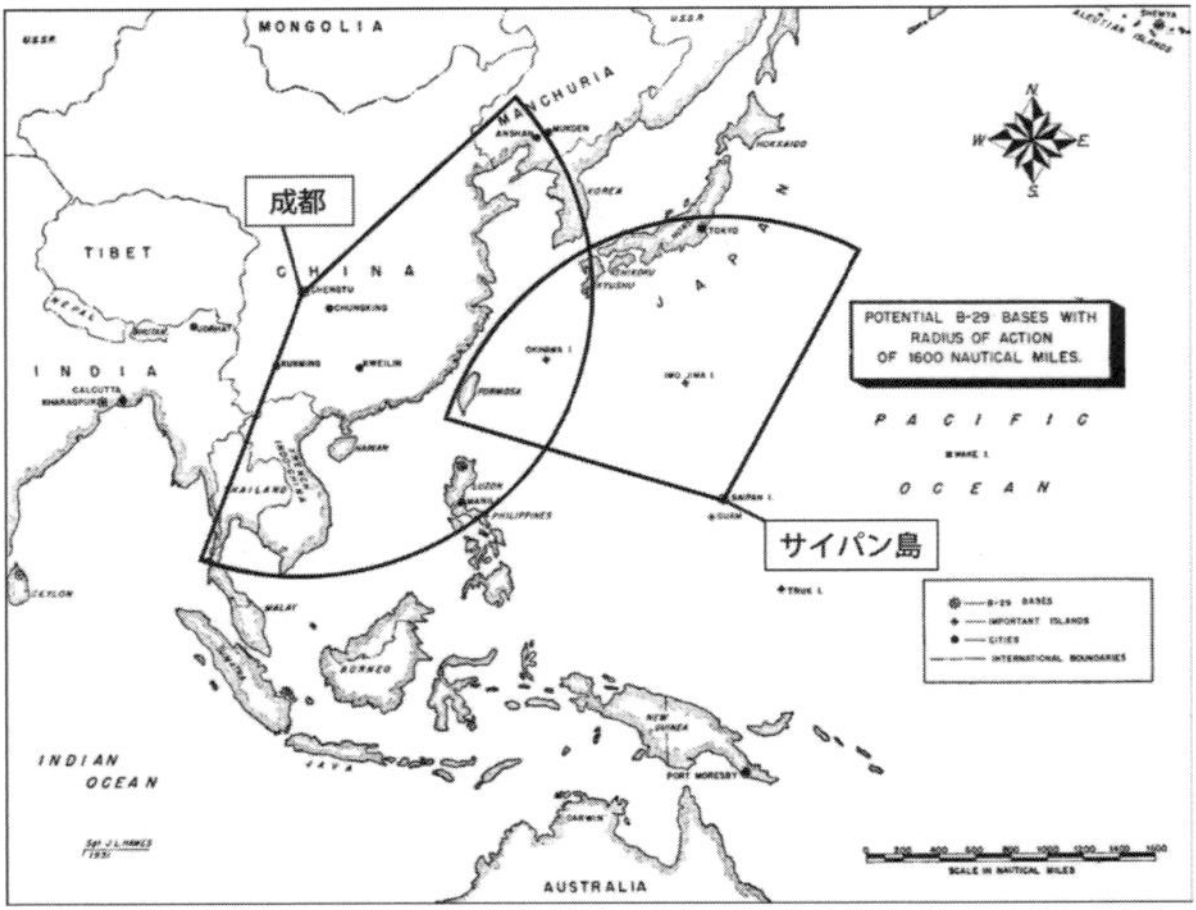

図1　成都とサイパン島からの B-29 の行動半径の比較図

下向きのおうぎ形が成都の基地から B-29 が往復できる地域、上向きのおうぎ形がサイパン島から B-29 が往復できる地域をそれぞれ示しています。

Office of Air Force History: The Army Air Force in World War II (Ed. W. F.Craven and J. L. Cate), 878p., 1983. から引用。一部加筆。

が、アメリカ軍は無理を承知のうえで強行していました。この方法で時間を稼《かせ》ぎながら、日本への攻撃により適した位置に基地をつくる計画を進めていたのです。

③ アメリカ軍によるマリアナ諸島の占領と飛行場の整備

ポイント

爆撃機B－29の開発・量産にくわえて、アメリカ軍は日本を空襲するのにより便利なマリアナ諸島に基地をつくることを計画しました。

しかし、そこは日本軍にとっても防衛上重要な場所でした。日本軍とアメリカ軍は島をめぐって激しく争いますが、最終的にアメリカ軍が勝利します。

勝利したアメリカ軍はマリアナ諸島を占領し、すぐにB－29飛行場をつくりはじめました。これにより、アメリカ軍は、日本のほとんどの地域を空襲することができるようになりました。

そして、1944年11月から、このマリアナ諸島を拠点として、アメリカ軍による日本への大規模な空襲が始まります。

●マリアナ諸島をめぐる日本とアメリカの攻防

アメリカ軍は、より日本本土に近く、補給のための海上輸送も容易な場所を、本格的な日本本土空襲のための拠点として確保することを目指しました。

そこで注目されたのが、グアム島やサイパン島などがあるマリアナ諸島でした。ここに飛行場を整備できれば、B-29が日本本土のほぼ全域に到達することが可能になるからです。（P.26図1）しかし、それは同時に、日本軍にとってもマリアナ諸島が防衛《ぼうえい》上きわめて重要な場所であることを意味します。そのため日本軍は、マリアナ諸島を「絶対確保すべき要域」（絶対国防圏）に位置づけていました。1942年6月のミッドウェー海戦での敗北以降、劣勢が続く日本にとって、ここをアメリカ軍におさえられたら戦争にほぼ負けることが決まってしまうほど重要な場所だったのです。

マリアナ諸島をめぐって日本軍の守備隊とアメリカ軍は激しく争います。アメリカ軍は1944年6月15日の朝に、マリアナ諸島のうちサイパン島への上陸を開始しました。これとほとんど同じタイミングでB-29による八幡製鉄所への空襲が行われました。この二つの作戦が同じ時期だったのは偶然ではなく、アメリカ軍上層部からの指示でした。

サイパン島での戦いで日本軍は玉砕《ぎょくさい》（全滅）し、アメリカ軍は7月9日にサイパン島を占領します。アメリカ軍は続けて、7月21日にグアム島へ、24日にテニアン島へ上陸しました。そして、8月3日にはテニアン島、8月11日にはグアム島での日本軍の組織的抵抗が終わって、アメリカ軍がサイパン、テニアン、グアムの3島を占領しました。

●マリアナ諸島へのB-29飛行場の整備

アメリカ軍はマリアナ諸島を占領した直後から飛行場の整備を始めました。

1944年10月12日にはサイパン島のアイズリー飛行場にB-29の1番機が到着します。その後も飛行場の整備は進んでいきました。マリアナ諸島のB-29部隊は、アメリカ陸軍航空軍の第21爆撃機集団が統括《とうかつ》し、その指揮下に第58、第73、第313、第314、第315の5つの航空団が配備されました。これらの各航空団に対して飛行場が1カ所ずつ割り当てられました。（P.30図2）

図2　マリアナ諸島に作られた飛行場
（工藤洋三提供）

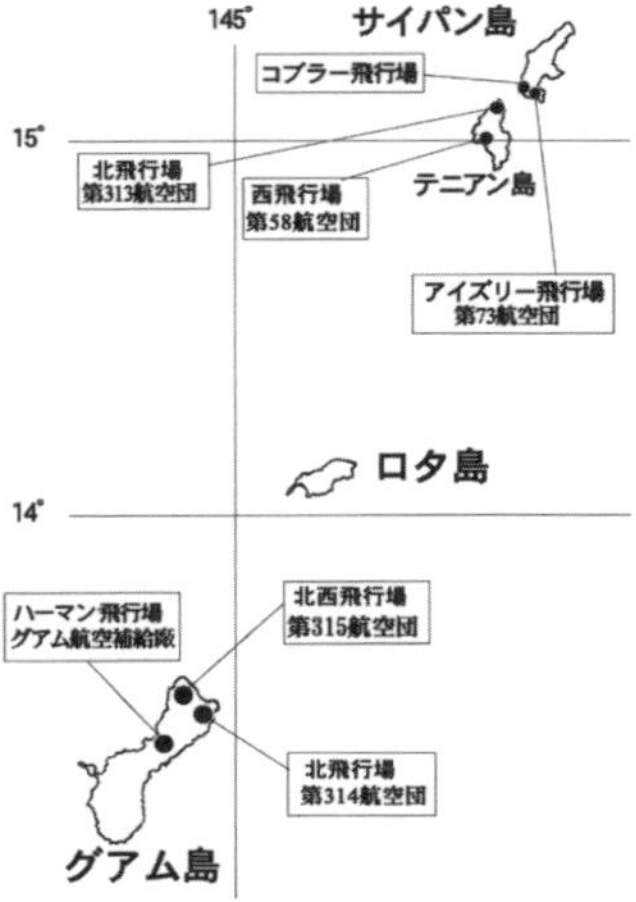

マリアナ諸島

テニアン西飛行場
（原資料：アメリカ国立公文書館所蔵・工藤洋三提供）
テニアン西飛行場は第58航空団の基地。この第58航空団がのちに岡山を空襲します。

１９４４年11月１日からはアメリカ軍による日本本土への偵察《ていさつ》飛行が開始されます。この日以降、偵察機Ｆ‐13が、日本の各都市の航空写真を大量に撮影《さつえい》していきます。偵察機Ｆ‐13は、高性能の大型カメラを積むなどして偵察用に改造したＢ‐29です。

　こうして撮影された写真はマリアナ諸島の基地で現像《げんぞう》、焼付（プ

写真偵察機 F-13
（原資料：アメリカ国立公文書館所蔵・工藤洋三提供）

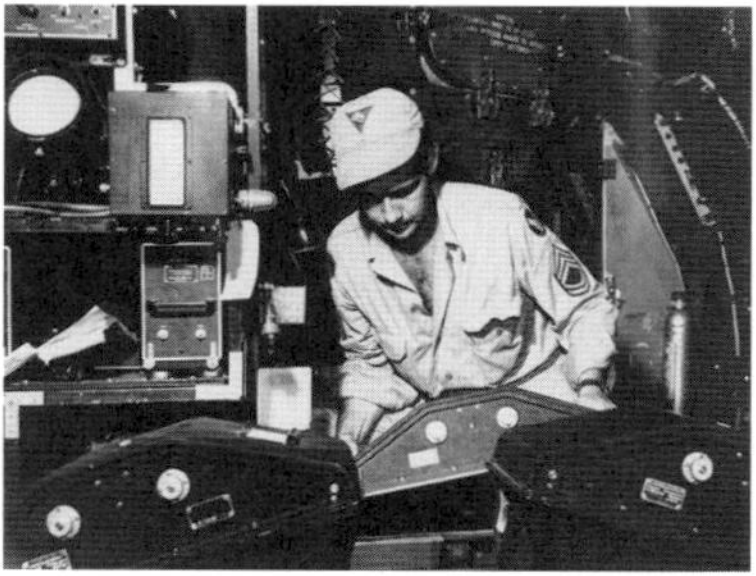

フィルムパックの取り外し作業
1944 年 11 月 1 日
（原資料：アメリカ国立公文書館所蔵・工藤洋三提供）

F-13 が行った偵察写真の撮影には 450 × 230㎜などの大きなフィルムが使用されました。

リント）され、複数枚を合成して印刷されます。こうした作業をとおして、空襲の計画を立てるために必要な地形や建物の位置などの情報の入手と分析《ぶんせき》が行われました。

また、写真をもとにジオラマ模《も》型《けい》をつくり、作戦内容を指示することもありました。さらに大型模型の上を飛行ルートに沿うようにしてビデオカメラで撮影し、その映像を使って、フライトシミュレーターのようにパイロットの訓練を行うこともありました。

偵察写真の合成（原資料：アメリカ国立公文書館所蔵・工藤洋三提供）

目標地域の複数の写真を貼りあわせてモザイク写真を作成、分析や作戦に使用しました。

そして、1944年の11月24日、マリアナ諸島のB-29部隊による初めての日本本土空襲が行われました。目標は、東京の中島飛行機武蔵《むさし》製作所でした。

偵察写真を用いた模型のチェック
(原資料：アメリカ国立公文書館所蔵・工藤洋三提供)
偵察写真をもとに日本の都市の模型を作り、それを使って作戦の説明がされることもありました。

関東地方の巨大な模型と撮影装置
(原資料：アメリカ国立公文書館所蔵・工藤洋三提供)
アメリカ本国のスタジオで飛行経路にそって模型を撮影し、B-29の搭乗員に映像で疑似体験をさせました。

④ 軍事施設への高高度精密爆撃から、都市への焼夷爆撃へ

ポイント　アメリカ軍による日本への空襲は、攻撃方法と目標の変化によって三つの時期にわけられます。

第1期では、日本の兵器工場や港などの軍事施設をねらって、高度約9千mから空襲しました。しかし、命中率が低く、アメリカ軍が考えていたほどの成果がありませんでした。

そのため第2段階からは、東京・大阪・名古屋などの人口の多い大都市をねらうようになります。そして、日本の都市には木造の建物が多く、火事に弱いため、焼夷弾（火災を起こす爆弾）を使った攻撃に変わりました。さらに、夜間に低空から爆撃する戦法がとられました。

第3段階では、地方の中小都市が空襲されるようになります。広島と長崎には原子爆弾が落とされ、日本が降伏を受け入れる1945年8月15日まで空襲は続きました。

こうして1944年11月から1945年8月までにかけて、全国で66の都市が空襲により大きな被害を受け、30万人から80万人以上の犠牲者が出ました。

マリアナ諸島のB‐29部隊による日本への空襲は、攻撃方法と目標の変化によって3つの時期にわけられます。

●第1期　工場などに対する高高度からの精密爆撃

まず第1期は、1944年11月24日から1945年3月9日までです。この時期の攻撃目標は工場や港、軍事施設でした。特に航空機の製作工場が重要視され、なかでも発動機（エンジン）を生産する工場が最優先の目標とされました。それらの目標に対し、昼間に約9千mの高高度から精密爆撃が行われました。

最初に行われた攻撃は1944年11月24日のことで、東京西部の中島飛行機武蔵製作所が目標でした。しかし、このときの攻撃の成果はあまりよくなく、3日後の11月27日に再び同じ目標へ爆撃が行われました。しかし、目標が完全に雲に隠《かく》れてしまったため、代わりに東京の港湾地区や市街地が爆撃されました。この2回あわせて計192機のB‐29が爆撃を行いましたが、攻撃後のアメリカ軍内部の評価では、肝心の中島飛行機武蔵製作所は無傷だと判定されました。

この2回の空襲は明らかに失敗だったのですが、これ以後もアメリカ軍は中島飛行機武蔵製作所を引き続き攻撃し、ほかにも三菱《みつびし》重工業の名古屋工場などの航空機工場に対して、昼間に高高度から爆撃する方針をとり続けました。そして、そのほとんどが失敗に終わりました。唯一の成功は、1月19日の川崎航空機の明石《あかし》工場に対する攻撃で、工場の生産の90%以上を停止させたと評価されています（ただし、ここで失敗としているのは、あくまで攻撃目標の破壊が達成できたかどうかというアメリカ軍の計画に対する評価です。攻撃を受けた地上では、工場の労働者や周辺住民に少なくない犠牲が出ていることを忘れてはいけません）。

この時期に行われた高高度からの精密爆撃の多くが失敗に終わったのは、日本の上空を吹く強風、ジェット気流が原因でした。この風につかまると、B-29は速度や行動の自由が制限され、攻撃目標へのねらいが定まらなくなるなどの大きな問題がありました。

工場への高高度精密爆撃が充分な成果を上げられなかったことから、アメリカ軍上層部は、マリアナ諸島の部隊を統括する第21爆撃機集団の司令官を交代させます。1945年1月20日、初代司令官のヘイウッド・ハンセルが解任され、後任としてカーティス・ルメイが着任しました。ルメイは特に爆撃技術の改良に優れた手腕《しゅわん》を発揮《はっき》した人物でした。

ルメイが司令官になったあとも作戦はすぐには変わらず、高高度からの精密爆撃が続きました。しかし、司令官がハンセルからルメイに代わる時期に前後して、市街地に焼夷弾を投下する空襲が行われました。1月3日に名古屋、2月4日に神戸、2月25日に東京の市街地が爆撃されています。この3回は試験的な空襲で、焼夷弾で市街地を焼き尽くすためのデータ集めが目的でした。アメリカ軍は、その結果を検証《けんしょう》し、3月以降に市街地への焼夷空襲を本格化させていきます。

グアム島の飛行場のハンセル（左）とルメイ（右）　1945 年 1 月 16 日
（原資料：アメリカ国立公文書館所蔵・工藤洋三提供）
司令官が交代する直前の時期に撮影された写真です。

マリアナのB-29部隊の司令官たち　1945年3月28日
（原資料：アメリカ国立公文書館所蔵・工藤洋三提供）

のちに攻撃方針が都市への焼夷攻撃へと転換されたことにより、司令官も交代させられました。右から2人目が第21爆撃機集団の新たな司令官となったカーティス・ルメイ。

●第2期　大都市への焼夷弾爆撃

第2期は、1945年3月10日から6月15日までです。東京・大阪・名古屋などの人口の多い大都市の市街地を目標に、焼夷弾で焼き払う無差別爆撃が行われました。第1期からの大きな変化は、軍事施設ではなく一般の人々が生活しているエリアが攻撃目標になったこと、焼夷弾を使うこと、夜間に低高度から爆撃することが挙げられます。

アメリカ本国の軍上層部では、日本の都市を焼夷弾で空襲すべきという主張が注目を集めるようになっていました。くわしくは後で述べますが、木造家屋が密集《みっしゅう》している日本の都市は火災に弱く、焼夷弾による攻撃が有効だという研究が、1943年から始まっていました。また、日本の大都市へ焼夷弾攻撃を行う方針も早くから示されていました。しかし、それを実行するには、焼夷弾の大量生産と備蓄《びちく》をはじめとした準備期間が必要でした。第1期で航空機工場を優先して攻撃していたのは、その時間稼ぎの側面もありました。

第2期のうち初期の3月に行われた攻撃は、沖縄戦と深い関わりがありました。アメリカ軍は4月1日に沖縄上陸作戦を開始する予定で、マリアナ諸島の

B-29部隊にその支援を要求していました。支援の内容は、上陸作戦開始の22日前（3月10日）から10日前（3月22日）の間に本州に対して最大限の攻撃をせよ、というものでした。日本の主要都市を破壊して混乱《こんらん》を起こし、その隙《すき》を突いて沖縄への上陸を有利に進めようというねらいがありました。

これを受けて、マリアナ諸島のB-29部隊は、3月10日から19日にかけて、東京・名古屋・大阪・神戸の大都市に対して5回の大規模な空襲を立て続けに実行しました。この一連の空襲は、焼夷電撃戦と呼ばれています。マリアナ諸島のB-29部隊の最大戦力を投じた激しい攻撃で、基地に備蓄した焼夷弾がなくなるほどでした。特に3月10日の東京空襲では、一晩に約10万人以上の犠牲者が出ました。

焼夷電撃戦では、それまでのB-29の作戦が大きく変わりました。1月から2月にかけて行った試験空襲の分析をふまえて、目標地域へより正確に焼夷弾を投下するため、編隊を組まずに、これまでよりもはるかに低空から侵入する方法がとられました。

アメリカ軍は、日本の防空機能を詳しく調べており、日本はレーダーの配備数が少なく、レーダーと対空砲火との連携《れんけい》も不充分なうえ、迎撃《げいげき》に来る夜間戦闘機

1945年3月10日午前10時35分、空襲直後の東京の様子　(原資料：アメリカ国立公文書館所蔵・工藤洋三提供)

空襲後の残り火と煙がひどく、アメリカ軍も正確な評価写真を撮影できませんでした。

1945年3月12日、空襲後の名古屋市街地上空　(原資料：アメリカ国立公文書館所蔵・工藤洋三提供)

前日の夜に行われた空襲による火災の煙が残っています。

の数も少ないことを明らかにしていました。そのため、特に夜間の攻撃においては、日本からの対空砲火や迎撃はそれほど脅威《きょうい》にはならないと判断していました。

その結果、投弾高度は、高高度精密爆撃のときの9千m前後から、一気に2千m近くまで下げられました。夜間に低空から攻撃を行えば、エンジンの負荷《ふか》も減るので燃料を減らせることができ、その分より多くの焼夷弾を積むことができました。また、命中精度をより高めることができ、地上に大きな損害を与えることができました。

焼夷電撃戦で焼夷弾の備蓄がなく

1945年3月13-14日、空襲後の大阪市街地
(原資料：アメリカ国立公文書館所蔵・工藤洋三提供)

白い部分が消失した地域です。

なったため、日本の都市に対する空襲はしばらく中断されました。その間、各地の工場や飛行場へ精密爆撃が行われました。焼夷弾の補給が終わると、5月14日から6月15日にかけて東京・川崎・横浜・名古屋・大阪・神戸・尼崎の市街地に対して、再び大規模な焼夷空襲が行われていきます。

アメリカ軍はこの攻撃で主要な大都市を破壊しつくしたと判断し、次いで中小都市へと攻撃目標を移します。

大都市空襲の流れ※

3月9－10日	東京(279機)
3月11－12日	名古屋(285機)
3月13－14日	大阪(274機)
3月16－17日	神戸(306機)
3月18－19日	名古屋(290機)
4月13－14日	東京北部(327機)
4月15－16日	川崎(194機)
4月15－16日	東京蒲田(109機)
5月14日	名古屋北部(472機)
5月16－17日	名古屋南部(457機)
5月23－24日	東京(520機)
5月25－26日	東京(464機)
5月29日	横浜(454機)
6月1日	大阪(458機)
6月5日	神戸(473機)
6月7日	大阪(409機)
6月15日	大阪・尼崎(444機)

※大規模な都市空襲のみを掲載。
※( )内の数字は、アメリカ軍の有効攻撃機数。
※奥住喜重『B-29 64都市を焼く』(揺籃社、2006年)をもとに作成。

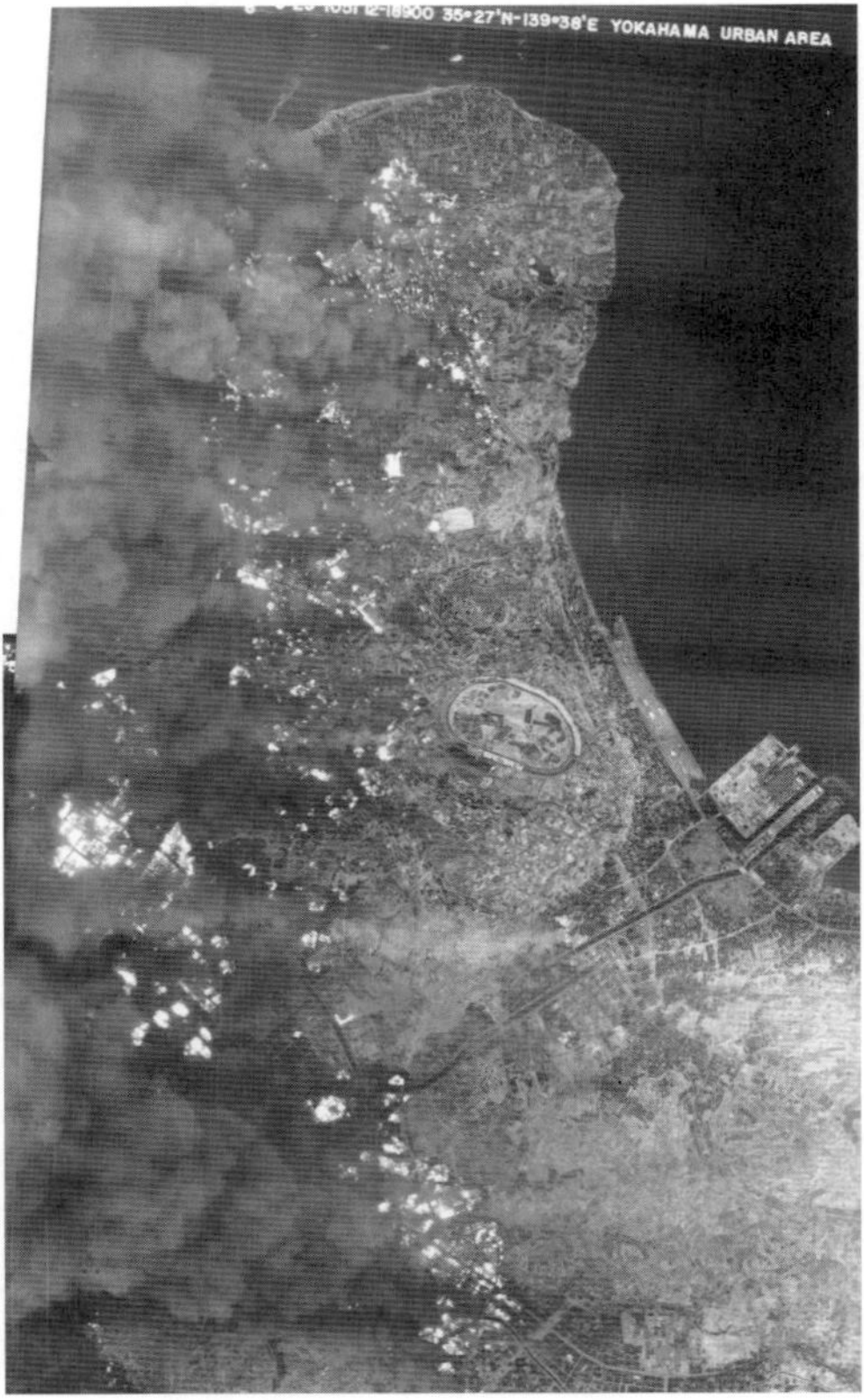

1945年5月29日、横浜空襲
（原資料：アメリカ国立公文書館所蔵・工藤洋三提供）
2枚の写真を合成したものです。

1945年6月5日、神戸市街地に投下される
M47焼夷弾
（原資料：アメリカ国立公文書館所蔵・工藤洋三提供）

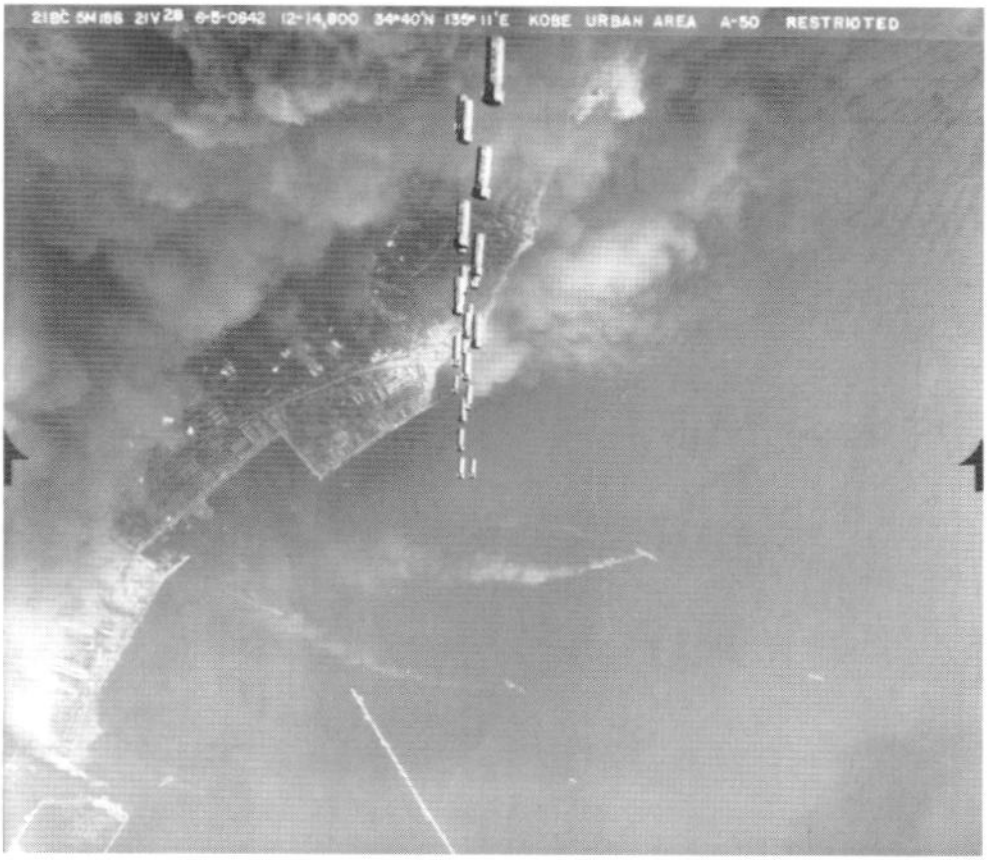

1945年6月5日、神戸市街地に投下される集束焼夷弾
（原資料：アメリカ国立公文書館所蔵・工藤洋三提供）

●第3期　地方中小都市への焼夷弾爆撃

第3期は、1945年6月17日から8月15日までです。地方の中小都市の市街地に対して、焼夷弾による無差別爆撃が行われました。日本のあらゆる都市を次々と破壊し、やがて日本が戦争を続けられないところまで追い込むことを目的とした攻撃でした。岡山への空襲もこの第3期に分類されます。

第2期から第3期にかけての空襲では、事前の天気予報で天気が良いとされた場合は、昼間に工場に対して高高度精密爆撃を行い、天候が悪いと予報された場合は、夜間に市街地に対して低高度からの焼夷弾爆撃が行われました。

第2期での大都市への空襲では、マリアナ基地所属の四つの航空団がほぼ一丸となって爆撃を行っていました。これに対し、第3期で攻撃する都市は規模が小さいので、1都市に対して一つの航空団だけで充分だと考えられました。そのため四つの航空団がそれぞれ分担《ぶんたん》して、1日あたり4カ所から6カ所の中小都市へ同時に爆撃を行いました（なお、マリアナ基地には五つの航空団が所属していますが、そのうち第315航空団は石油基地への夜間の精密爆撃を専門とし、都市への爆撃には参加しませんでした）。

中小都市空襲の流れ※

6月17-18日	鹿児島（117機）・大牟田（116機）・浜松（130機）・四日市（89機）
6月19-20日	豊橋（136機）・福岡（221機）・静岡（123機）
6月28-29日	岡山（138機）・佐世保（141機）・門司（91機）・延岡（117機）
7月1-2日	呉（152機）・熊本（154機）・宇部（100機）・下関（128機）
7月3-4日	高松（116機）・高知（125機）・姫路（94機）・徳島（129機）
7月6-7日	千葉（124機）・明石（123機）・清水（133機）・甲府（131機）
7月9-10日	仙台（123機）・堺（115機）・和歌山（106機）・岐阜（129機）
7月12-13日	宇都宮（115機）・一宮（124機）・敦賀（92機）・宇和島（124機）
7月16-17日	沼津（119機）・大分（127機）・桑名（94機）・平塚（133機）
7月19-20日	福井（127機）・日立（127機）・銚子（91機）・岡崎（126機）
7月26-27日	松山（127機）・徳山（97機）・大牟田（124機）
7月28-29日	津（76機）・青森（61機）・一宮（122機）・宇治山田（93機）・大垣（90機）・宇和島（29機）
8月1-2日	八王子（169機）・富山（173機）・長岡（125機）・水戸（160機）
8月5-6日	佐賀（63機）・前橋（92機）・西宮（225機）・今治（64機）
8月6日	広島に原子爆弾投下
8月8日	八幡（221機）・福山（91機）
8月9日	長崎に原子爆弾投下
8月14-15日	熊谷（81機）・伊勢崎（86機）

※中小都市への空襲に、広島・長崎への原子爆弾投下をくわえて掲載。
※（ ）内の数字は、アメリカ軍の有効攻撃機数。
※奥住喜重『B-29 64都市を焼く』（揺籃社、2006年）をもとに作成。

第3期の中小都市への空襲は計16回行われました。ほぼ毎日のようにいずれかの都市が空襲され、大きな被害を受けました。

第2期の大都市への空襲と第3期の中小都市への空襲に、原子爆弾が投下された広島と長崎を加えると、日本が降伏する8月15日までに全国で66の都市が空襲によって破壊されました。

●さまざまな空襲──機雷《きらい》投下、石油施設への爆撃、艦載《かんさい》機攻撃

このほかにも、さまざまな規模の空襲が各地に対して行われていました。

まず、先に述べた第1期のような、工場への高高度精密爆撃は終戦までずっと続きました。

また、アメリカ軍は、日本が重要物資の輸入や戦地への補給を船による海上輸送に大きく依存《いぞん》していることに注目し、そうした船の航行を阻害《そがい》するため日本近海への機雷投下も行いました。日本各地の港や瀬戸内海、関門海峡《かいきょう》（本州と九州を隔《へだ》てる海峡）などに約1万7００個の機雷が落とされたといいます。この機雷は戦後も数多く残り、接触《せっしょく》した船が沈むなどの事故が起こりました。自衛隊が長年に

かけて除去活動を行い、ほとんどが処分されましたが、現在でもまだ見つかることがあります。

各地にある海軍燃料廠《しょう》や石油工場などの石油施設も空襲を受け、そのほとんどが操業不能になりました。特に8月14日から15日にかけて行われた、秋田市の土崎地区の石油工場を目標とした空襲は、アメリカ軍による最後の空襲でした。

7月以降は、日本近海からアメリカとイギリスの連合艦隊による艦砲射撃が行われるようになり、艦載機による機銃掃射や爆撃も終戦まで続きました。

ここまでに見たさまざまな攻撃を数えると、全国で約200以上の市町村が空襲により何らかの被害を受けたといわれます。

犠牲者の数は調査機関によって大きく差があり、30万人から80万人以上ともいわれます。たとえば、1945年3月10日の東京空襲の犠牲者は約10万人以上、8月6日の広島への原爆投下では約14万人以上、8月9日の長崎への原爆投下では約7万人以上であり、これらを合計しただけでも犠牲者は約30万人以上となります。また、最近の毎日新聞社の調査では、大規模な空襲を受けた107の自治体が把握《はあく》している死者数は約38万7千人とされています。

⑤焼夷弾による空襲の研究

ポイント

アメリカ軍による日本への空襲では、火災を起こすための爆弾である焼夷弾が大量に使われました。なぜなら、木造の建物が多い日本の都市は火事に弱く、焼夷弾を使った攻撃が有効だと考えられていたからです。そして、新しい焼夷弾の開発やさまざまな実験が進められていました。

アメリカ軍の上層部は工場への精密爆撃に重点を置いていましたが、やがて都市への焼夷空襲に方針を変えていきます。この方針転換に大きな役割をはたしたのが、イーウェルという人物でした。彼は、焼夷弾を使った空襲を研究しており、自分の研究成果をもとにアメリカ軍の上層部に焼夷弾攻撃を強く働きかけたのです。

アメリカ軍による日本の都市への空襲は、大量の焼夷弾が使われたことが大きな特徴《とくちょう》です。焼夷弾は爆弾の一種ですが、通常の爆弾とは役割が異なります。通常の爆弾は、爆発により発生する爆風や飛散する破片で目標を破壊します。それに対し、焼夷弾は、中に入っている燃料と焼夷剤が燃焼することで目標に火をつけ、焼き払うためのものです。この焼夷弾を大量に投下し、消火するのが困難《こんなん》な規模の大火災を地上に発生させるのが焼夷弾空襲の基本的な方法です。

●国防研究委員会での研究

焼夷弾による空襲の研究は各国で進んでいましたが、そのなかでもイギリスで考案された焼夷空襲理論の成果がアメリカに受け継がれました。

アメリカでの焼夷弾の開発と焼夷弾空襲の研究には、国防研究委員会の設立が強く関わっています。1940年6月15日、アメリカ大統領ルーズベルトが、軍事研究に科学界の総力を動員する目的で創設したのが国防研究委員会です。設立当初、国防研究委員会にはA~Eの5部門があり、そのうちの部門Bが「爆弾、燃料、毒ガス、化学的問題」を担当しました。部門Bは1942年に再編されて

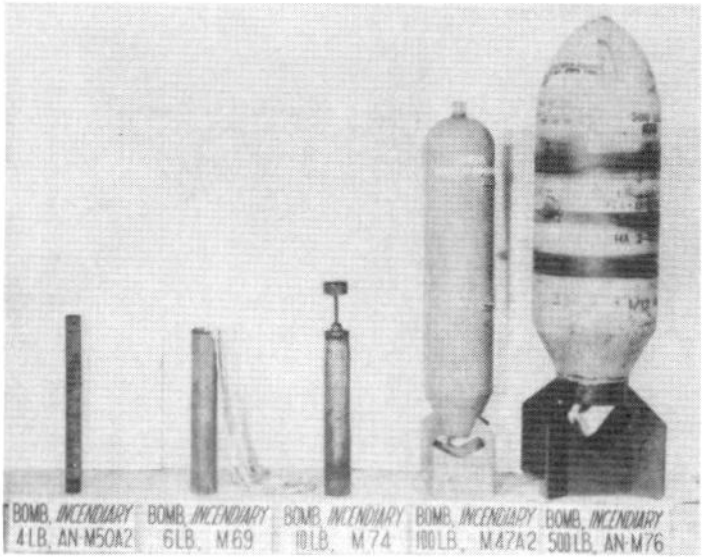

さまざまな種類の焼夷弾
(原資料:アメリカ国立公文書館所蔵・工藤洋三提供)

本格的な都市空襲が行われるようになると、大型と小型の焼夷弾を組み合わせて使いました。

部門11「化学工学」となり、その下位セクションの11・3「火災兵器戦」が焼夷弾の研究と開発を担当しました。このセクションから生まれた最大の成果が、日本への空襲で最も多く使われたM69焼夷弾の開発でした。M69焼夷弾の開発資料によれば、焼夷弾の本格的な研究と開発が始まったのは1941年秋、アジア・太平洋戦争が始まる前のことでした。

M69 焼夷弾の生産風景（原資料：アメリカ国立公文書館所蔵・工藤洋三提供）
M69 の筒にパイプで油脂を詰めているところ。入れすぎた場合は手で取りのぞくので、作業する女性の手が汚れています。

●イーウェルと焼夷空襲理論

国防研究委員会の焼夷弾部門の専門委員に、R・H・イーウェルという人物がいました。

イーウェルは焼夷弾の開発や試験に広い経験を持ち、焼夷空襲理論の先行研究の豊富《ほうふ》なイギリスで学びました。そして帰国したのち、自らの研究を発展させ、1943年10月に『日本―焼夷攻撃資料』という レポート（以下、焼夷弾レポート）を提出します。このレポートが、日本本土への空襲に大きな指針《ししん》を与えました。

焼夷弾レポートでは、焼夷空襲

イーウェル博士（左から２人目） 1948年７月21日
（原資料：アメリカ国立公文書館所蔵・工藤洋三提供）

の理論が示され、木造家屋が多い日本の都市は焼夷弾での攻撃に弱い構造《こうぞう》であることも示されています。さらに、日本の20都市を選んで、それらの都市を焼夷攻撃するのに必要な焼夷弾の量も計算されていました。

焼夷空襲では、都市の一部に火災を起こすのではなく、制御《せいぎょ》できない大火災を発生させて都市全体を焼き払うことが目標とされました。

そこで注目されたのが、民間人が行う初期消火では消しきれない火災です。これは、言い換《か》えれば、消防車などの専門の消火設備を使わなければ消せない火災のことで、アプライアンス火災と呼ばれました。都市に焼夷弾を投下してこうした火災を数多く発生させれば、やがて消防設備を使っても消火できないほどの制御不能な大火災につながると考えられ

焼夷弾レポート
（原資料：アメリカ国立公文書館所蔵・工藤洋三提供）

ました。

そのためには、都市の中で燃えやすい場所に焼夷弾を集中的に投下する必要があるとも考えられました。そこで日本の20都市を選んで、都市の構造や建物の配置、火災保険の格付け（保険料が高いところほど燃えやすい）や人口密度が調査されています。このとき、関東大震災で火災が発生した場所も参考にされています。この調査をもとに、燃えやすさを3段階に分けた焼夷区画を設定しました。たとえば、東京の下町のような住宅や商店街の密集区域が最も燃えやすい焼夷区画1号に設定されました。焼夷区画2号は1号の次に燃えやすい区画、焼夷区画3号は焼夷攻撃には不向きな区画とされました。このうち、焼夷区画1号を焼き払うのに必要な焼夷弾の量は、約2・6平方km（1平方マイル）で6トンと見積《みつも》られていました。

●日本家屋の実物大模型を使った焼夷弾の実験

アメリカ軍では、理論の研究だけでなく、実際の家屋に対する火災実験も計画されました。そのなかで、日本における火災実験に関する文献《ぶんけん》調査も行われました。日本では、1933年から、東京大学が中心になって実物大の家屋に対する火災実験が行われていました。『建築界』や『建築雑誌』に発表された実験結果を、アメリカの火災工学の専門家が分析しました。

また、1943年5月には、アメリカ・ユタ州のダグウェイ実験場に日本家屋とドイツ家屋の実物大模型が設置《せっち》され、焼夷弾による影響《えいきょう》を調査する実験も行われました。

日本家屋の模型を手がけたのは、アメリカの建築家アントニン・レーモンドでした。レーモンドは、戦前に18年間日本に滞在し、日本建築について深い知識がありました。この模型は、日本の家屋をできる限り再現できるように、外観だけでなく、障子《しょうじ》、ふすま、畳《たたみ》、座卓や座布団、タンスなどの内装や家具にいたるまで正確に設計されました。木材もヒノキやスギ、マツなど日本のものに近い木材が使われました。こうしてできた模型に、M69焼夷弾を約千mの高度から落とす実験を何度も繰り返し、焼夷弾の効果をテストしました。その結果、M69焼夷弾は日本の家屋に対して非常に有効であることが実証されました。

ダグウェイ実験場
（原資料：アメリカ国立公文書館所蔵・工藤洋三提供）
ドイツと日本の家屋の実物大模型が作られました。

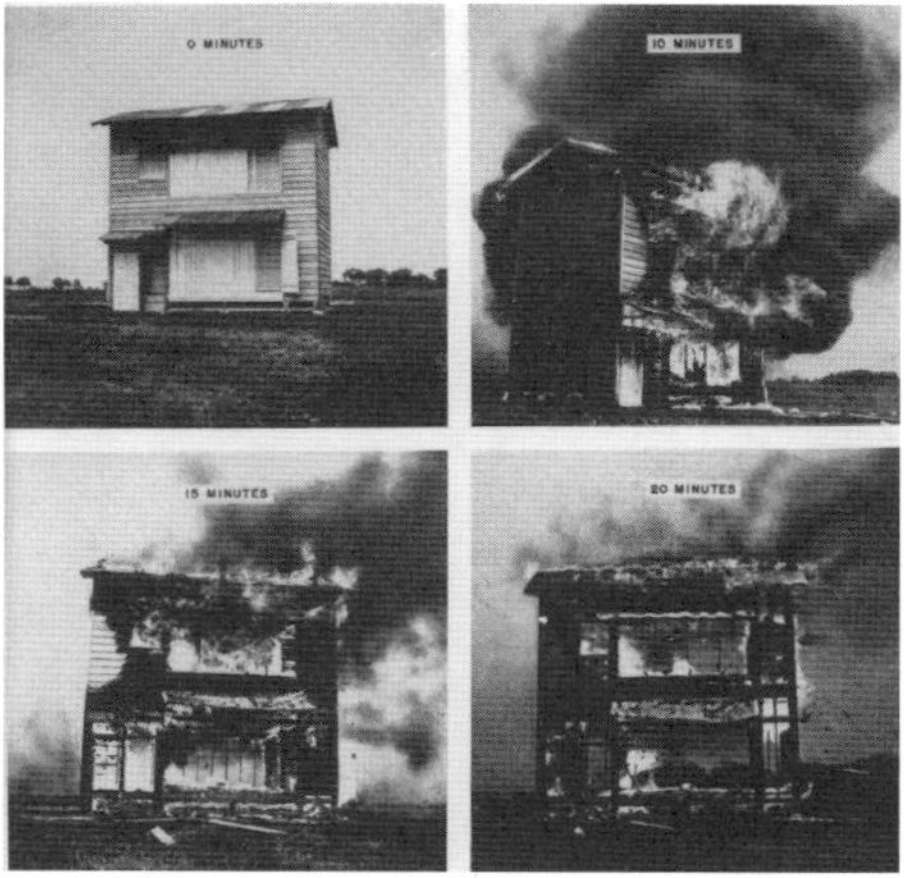

日本家屋に対する焼夷弾の火災発生能力の実験
（原資料：アメリカ国立公文書館所蔵・工藤洋三提供）
投下直後（0分）、10分後、15分後、20分後、と火災の広がる時間や火災の規模をはかり、焼夷弾の改良や投下量の計算のもとになりました。

ダグウェイ実験場の日本家屋の実物大模型
（原資料：アメリカ国立公文書館所蔵・工藤洋三提供）

外見だけでなく内装も、できる限り正確に日本家屋が再現されています。

●焼夷弾レポートの検証と修正

焼夷弾レポートの検証がされるなかで、焼夷区画1号を焼き払うのに必要な焼夷弾の量が約2・6平方km（1平方マイル）あたり6トンという見積りは、アメリカ軍の内部でも楽観的だと批判《ひはん》されました。

そのため、日本に居住した経験のある人物から助言を得ることになりました。カナダ人の火災保険業者グラスとイギリス人の保険業者ブルの2人による批評が残っています。グラスは関東大震災後の1925年から1941年までの16年間日本に住んだ経験があり、ブルは保険会社の日本駐在員《ちゅうざい》として横浜で大震災を経験し火災保険の資料も調べたことがある人物でした。焼夷弾レポートを読んだ2人は、日本の都市が焼夷弾攻撃に向いているというレポートの結論は認めながらも、震災後の東京や横浜の防火対策などを過小に評価していると指摘しました。

イーウェルは、焼夷弾レポート発表後に寄せられた意見や批判を検討し、ダグウェイ実験場などでの焼夷弾の実験結果もふまえ、新しいレポートを提出します。1944年8月29日に発表された「日本の都市の焼夷攻撃」は、最初の焼夷弾レポートにはなかった無効機（目標にたどり着かない機体）の見積りや投弾精度などの作戦の内容も考慮《こうりょ》したものになっていました。必要な焼夷弾の量も大きく上方修正されました。関東大震災を経験して建物の耐火性能が増していると考えられた東京・横浜では、焼夷区画1号について約2・6平方km（1平方マイル）あたり30トンに、それ以外の都市では20トンに増やしています。

●イーウェルによる焼夷空襲の直訴《じきそ》と試験的な空襲

アメリカ軍のなかでは、日本の都市を焼夷空襲する方針は早くから示されており、1944年8月には焼夷弾レポートによって攻撃の理論や方法も示されていました。しかし、この時期はB-29部隊がマリアナ諸島に配備されはじめたころで、B-29の数も焼夷弾の数もまだまだ少ない状況でした。そのため、アメリカ軍は焼夷弾攻撃に慎重《しんちょう》な姿勢を見せていました。

1944年10月10日の段階で、アメリカ軍は日本の航空機産業に対する通常爆弾での精密爆撃に重点を置いた攻撃計画を立てていました。それと同じ時期の10月12日に、イーウェルは科学研究開発局の委員長ヴァニヴァ・ブッシュに宛《あ》てて書簡を送ります。その内容は、精密爆撃にこだわる軍上層部に対して焼夷弾による都市空襲へ転換するよう求めるものでした。ブッシュは、イーウェルの意見を陸軍航空軍の最高司令官ヘンリー・アーノルドに届けます。そして10月14日、アーノルドは日本の都市に対する焼夷空襲の研究を命じました。

ヴァニヴァ・ブッシュ
(原資料：アメリカ国立公文書館所蔵・工藤洋三提供)

ヘンリー・アーノルド
(原資料：アメリカ国立公文書館所蔵・工藤洋三提供)

しかし、アーノルドが研究を命じた時点では、まだマリアナに充分な兵力がありませんでした。そのため、日本の都市に対して試験的な空襲を行うことになりました。

焼夷弾レポートで理論が示されたとはいえ、地上に大火災を発生させるには実際にどれだけの焼夷弾を投下すればよいのかについて、明確な指標《しひょう》はありませんでした。それを、投弾の方法や攻撃の密度もあわせて、試験的な空襲の結果をもとに決める必要がありました。

１９４５年1月3日には名古屋市街地を、2月4日には神戸市街地を目標に試験的な焼夷空襲が行われました。試験であるため、焼夷弾の落下地点や火災の広がりが観測《かんそく》しやすい昼間に行われました。当初、この2回の試験空襲の結果をもとに本格的な空襲の準備をする予定でしたが、名古屋・神戸への試験空襲はどちらも失敗に終わりました。そこで、3回目の試験空襲が2月25日に東京市街地に対して行われました。その結果は良好で、これをもって試験は終わり、続く3月以降の市街地への焼夷空襲へとつながっていきます。3月以降の都市空襲については前節で述べたとおりです。

1945年2月4日、神戸市に対する試験空襲
（原資料：アメリカ国立公文書館所蔵・工藤洋三提供）
1月3日の名古屋への試験空襲とともに「明らかな失敗」との評価でした。

この3回の試験空襲や東京などの大都市に行われた焼夷電撃戦を経て、中小都市空襲が行われるころになると、約2・6平方km（1平方マイル）あたり200トン近い焼夷弾が投下されるようになりました。イーウェルが焼夷弾レポートで示した6トンという見積りをはるかに超える量でした。

4　岡山空襲の実態と被害

ポイント

1945年6月28日の午後7時15分（日本時間）に最初のB－29がテニアン島の基地を離陸し、合計で138機のB－29が岡山を空襲しました。6月29日の午前2時43分から午前4時7分までの1時間24分の間に、計95708発（約890トン）の焼夷弾が岡山市街地に落とされました。岡山空襲では、大型のM47焼夷弾、そして小型のM74焼夷弾38本を束ねたE48集束焼夷弾の2種類が使われました。

アメリカ軍の「作戦任務報告書」などの文書によると、5月13日に撮影された岡山市街地の航空写真などをもとに岡山空襲の計画が立てられ、市街地を焼き尽くすために最も効果的な目標＝爆撃中心点として、現在のNTTクレド岡山ビル前の交差点付近（北区中山下）が選ばれました。岡山空襲に参加した全てのB－29は、この地点を目がけて焼夷弾を投下するよう指示されていました。

投下された焼夷弾は広い範囲に散らばって落ちてきます。そのうち約50％が爆撃中心点から半径1・2㎞の範囲内に着弾すれば、岡山市街地を焼き尽くせるというのがアメリカ軍の計画でした。しかし、その範囲内には目立った軍事施設はなく、市街地を対象とした無差別爆撃でした。

この空襲により当時の岡山市街地の63％が焼失し、1737人以上の方が亡くなりました。

ここでは、まず、アメリカ軍は岡山を空襲するにあたってどのような計画を立てたのか。次に、どのように岡山空襲を実行したのか。そして、岡山のまちにはどれだけの被害がもたらされたのか。この3点を、順を追って説明します。表3は、岡山空襲の概要《がいよう》を簡単にまとめたものです。

表3　岡山空襲の概要※

日付	6月29日
攻撃目標	岡山市街地
攻撃部隊	第21爆撃機集団 第58航空団
野戦命令番号	第91号
作戦任務番号	第234号
攻撃時間	2:43 － 4:07
攻撃高度	3,300 － 4,000m
攻撃機	B-29
攻撃機数	138
損失機	1
投下された爆弾量	約890トン
爆弾	M 47焼夷弾:12,602個(394トン) E48集束焼夷弾:2,187個(496トン) (M74焼夷弾に換算すると83,106個) 照明弾10個
爆撃後の偵察による損害評価	約2.13平方マイル、または市街地の建物地区の63%(約5.52㎢または約167万坪)

※工藤洋三『OKAYAMA6・29米軍資料の中の岡山空襲』(手帖舎、1996)より引用、一部加筆。

① 岡山空襲はどのように計画されたのか

●攻撃目標としての岡山市

前章で、日本本土空襲は時期別に三つに分けられると説明しました。岡山空襲は、そのうちの3段階目である中小都市空襲にあたります。

ところで、アメリカ軍は日本を空襲するにあたり、標的とする都市をどのように選んだのでしょうか。それを知る手がかりは、1945年7月21日付のアメリカ軍第20航空軍司令部あての報告書「中小工業都市地域への攻撃」にあります。この報告書のなかに、空襲の候補《こうほ》として日本の180都市がリスト化されています。

このリストは、1940年に行われた日本の国勢調査をもとにしながら、1945年時点で市制をしいていた都市をほぼ人口順に並べたものです。この国勢調査では岡山市の人口は約16万3千人、そして180都市のリストのなかでは31番目に位置しています。正確に人口順に並べると岡山市は本来30番目ですが、岡山市より人口の少ない大牟田《おおむた》市が27番目になっていたため、一つ後ろにずれています。ちなみに、岡山県内の他の都市だと、津山市が127番目、玉野市が142

番目、倉敷市が159番目にリストアップされています。

しかし、実際の中小都市への空襲は、必ずしもこのリストの全てに対し順番通りに行われたわけではありません。次のような流れで、候補がしぼりこまれていきました。

まず、すでに徹底《てってい》的な焼夷空襲で破壊した東京・大阪・名古屋などの7大都市は、これ以上何度も空襲する必要はないとして除外されました。そして、京都、広島、新潟、小倉もアメリカ軍上層部からの指示で除外されました。これら4都市は新しい爆弾、つまり原子爆弾の投下候補として、爆撃を禁止する命令が出されていました（原子爆弾の威力《いりょく》を確かめるために、破壊されていない都市に落とす計画でした）。

また、マリアナ諸島に配備されたB-29にとって遠距離となる北海道や東北の15都市も留保されました。最後に、夜間や悪天候のなかでレーダーによる爆撃が難しいと判断された15都市も目標から除外されました。

こうして、180都市から139都市へと目標がしぼりこまれました。そして残ったなかから、建物が密集していて火災が広がりやすいこと、近くに軍需《ぐんじゅ》工場があること、港や駅などの交通施設があること、などをもとに分析し、攻撃の優先順

[redacted]

HEADQUARTERS TWENTIETH AIR FORCE
Office of the A-3
APO 234, c/o Postmaster
San Francisco, California

[redacted]
Auth: CG 20th AF
Initials: W.T.C.
Date: 21 July 1945

760.01 1 Jul-25 Sep 1945 V.14

21 July 1945

16

SUBJECT: Attacks on Small Urban Industrial Areas

TO: Deputy Chief of Staff, Operations

1. With the attack of 15 June on Osaka-Amagasaki, this command had substantially accomplished the destruction/damage of all built-up areas of the first ten "Selected Urban Industrial Concentrations" outlined by the Joint Target Group and approved by Twentieth Air Force as priority targets. In addition, the built-up areas of the remaining 23 of the original 33 "S.U.I.C." also showed complete or very material destruction/damage.

SMC

2. A preliminary analysis of these attacks showed that they might well prove to have been the most severe blow the Japs had had to withstand and still continue to fight. Moreover, the destructive effects of urban incendiary attacks are cumulative. Each successful attack of this kind adds to the dividends derived from all previous attacks, particularly when the attacks are compressed in point of time. Thus, if we were to continue incendiary attacks against smaller cities, striking several on each raid, we would have an extremely effective offensive measure at our command during the "bad weather" summer months, months during which air power, as never before, would be given it's chance to achieve a decisive effect on the enemy's ability to continue the war.

3. Consequently, the first 180 Japanese urban areas (from the standpoint of population) were listed:

1. Tokyo	16. Kumamoto	31. Okayama	46. Ube
2. Osaka	17. Sasebo	32. Niigata	47. Aomori
3. Nagoya	18. Hakodate	33. Toyohashi	48. Fukui
4. Kyoto	19. Shimonoseki	34. Moji	49. Kawaguchi
5. Yokohama	20. Yokayama	35. Fuse	50. Akita
6. Kobe	21. Yokosuka	36. Toyama	51. Chiba
7. Hiroshima	22. Kagoshima	37. Tokushima	52. Morioka
8. Fukuoka	23. Kanazawa	38. Matsuyama	53. Kurume
9. Kawasaki	24. Sakai	39. Nishinomiya	54. Wakamatsu
10. Kure	25. Amagasaki	40. Takamatsu	55. Utsunomiya
11. Yawata	26. Kokura	41. Muroran	56. Asahigawa
12. Nagasaki	27. Omuta	42. Kochi	57. Maebashi
13. Sendai	28. Gifu	43. Himeji	58. Kiryu
14. Sapporo	29. Hamamatsu	44. Yokkaichi	59. Tobata
15. Shizuoka	30. Otaru	45. Kofu	60. Okazaki

7332-3G
0262153

[redacted] 529/4

SECRET

61. Hitachi	91. Imabari	121. Niihama	151. Itami
62. Nobeoka	92. Matsue	122. Kamaishi	152. Kudamatsu
63. Oita	93. Numazu	123. Kuwana	153. Nishino
64. Nagano	94. Ujiyamada	124. Kumakura	154. Miyako
65. Hachinohe	95. Uwajima	125. Okaya	155. Saeki
66. Matsumoto	96. Odawara	126. Isozaki	156. Shingu
67. Takasaki	97. Komatsu	127. Tsuyama	157. Hagi
68. Ichinomiya	98. Hirosaki	128. Ashiya	158. Hamada
69. Yamagata	99. Iwakuni	129. Mihara	159. Kurashiki
70. Tsu	100. Funabashi	130. Tokuyama	160. Sakata
71. Shimizu	101. Saga	131. Kawajoe	161. Fukuchikyama
72. Otsu	102. Higashimaizuru	132. Yamaguchi	162. Yawatahama
73. Nagaoka	103. Tottori	133. Fujisawa	163. Tsuruga
74. Miyazaki	104. Handa	134. Obihiro	164. Karatsu
75. Mito	105. Kumagaya	135. Senjo	165. Takayama
76. Suita	106. Yonezawa	136. Ishinomaki	166. Tochigi
77. Beppu	107. Onomichi	137. Higa	167. Shimbara
78. Kushiro	108. Ashikaga	138. Tsuchiura	168. Takeda
79. Hachioji	109. Fukushima	139. Hikone	169. Taira
80. Nara	110. Wakamatsu	140. Tsuruoka	170. Nemuro
81. Choshi	111. Akashi	141. Ikeda	171. Maizuro
82. Omiya	112. Yonago	142. Tamano	172. Kashiwazaki
83. Urawa	113. Nogata	143. Matsusaka	173. Sumoto
84. Takaoka	114. Iizuka	144. Ueda	174. Nakatsu
85. Hofu	115. Kishiwada	145. Shikama	175. Kainan
86. Miyakonojo	116. Onoda	146. Kawauchi	176. Tateyama
87. Ichikawa	117. Seto	147. Noshiro	177. Iida
88. Koriyama	118. Toyonaka	148. Tachikawa	178. Marugame
89. Fukuyama	119. Isahaya	149. Nishijo	179. Tajimi
90. Ogaki	120. Hiratsuka	150. Yatsushiro	180. Atami

It will be noted that of the first nine listed, three (Yokohama, Kobe and Kawasaki) had already been destroyed by previous attacks (Missions #186; #26, #43 and #188; #68), one (Nagoya) was not worth further incendiary attack having been attacked five times previously (Missions #17, 41, 44, 174, 176), two (Tokyo and Osaka-Amagasaki) needed only one more maximum effort attack each, having been hit five and four times respectively (Missions #38, 40, 67, 181, 183; #42, 187, 189, 203), and two (Kyoto and Hiroshima) were out of bounds by direction of high authority.

4. Of the remaining 171 cities, two more - Niigata and Kokura - were also out of bounds.

5. This left 169 cities, of which 17 were north of 39 degrees latitude and could not be economically attacked because of the range involved, until Iwo came into use as a staging base. These 17 cities were:

2

SECRET

SECRET

14. Sapporo	78. Kushiro
18. Hakodate	98. Hirosaki
30. Otaru	122. Kamaishi
41. Muroran	134. Obihiro
47. Aomori	141. Ikeda
50. Akita	146. Kawauchi
52. Morioka	147. Noshiro
56. Asahigawa	154. Miyako
65. Hachinohe	

6. Each of the remaining 152 cities were then checked by radar experts to see whether they could or could not be readily attacked with our APQ-13 equipped aircraft. This eliminated initially from night, doubtful weather attack at least 15 more cities:

11. Yawata	76. Suita
12. Nagasaki	86. Miyakonojo
35. Fuse	88. Koriyama
49. Kawaguchi	109. Fukushima
53. Kurume	110. Wakamatsu
54. Wakamatsu	117. Seto
59. Tobata	165. Takayama
69. Yamagata	

Further investigation would reveal others.

7. Next, intensive study of each of the remaining 137 cities was made, from the following standpoints:

a. Congestion/Inflammability.

This is the most important factor, since the economy and success of incendiary attacks on Jap cities are predicated on the relative ease with which great areas occupied by Jap industry and war workers can be destroyed or disrupted by fire. Furthermore, placing emphasis on this factor will avoid the pitfall of calling for incendiary attack on Jap areas that house certain key factories, but yet do not incorporate within the area as a whole the congestion/inflammability that marked successful incendiary attacks previously.

b. Incidence of War Industries.

This includes (1) those in or near the inflammable area and (2) those outside the inflammable area but in or adjacent to the city.

3

SECRET

SECRET

c. Incidence of Land and Water Transportation Facilities.

Originally substandard, Jap transportation had been growing weaker for the past six months. The mining effort of this command, together with past incendiary attacks, had made the transportation situation acute in the Empire.

8. Finally, the priority of the cities having thus been established, planning was started for incendiary attack on each one and radar scope and photo reconnaissance was requested. Sometimes delays in obtaining this material would hold up an attack on one city while another city of less importance was destroyed, but this would not interfere with the execution of the overall plan.

William H. Blanchard
WILLIAM H. BLANCHARD
Colonel, G. S. C.
Asst C/S, A-3.

DISTRIBUTION:
6 - D C/S Opns
1 - A-2 Reports
1 - A-2
1 - Radar
1 - OAS
1 - 33rd SCU
30 - A-3

4

SECRET

攻撃候補となった180都市のリスト
（原資料：アメリカ国立公文書館所蔵・工藤洋三提供）

位が決められました。岡山市は、この139都市のなかで比較的上位に位置しており、優先度が高い攻撃目標だったといえます。

そして最終的に、大都市空襲と中小都市空襲、広島・長崎への原爆投下をあわせて、全国で66都市が大規模な被害を受けました。

●アメリカ軍資料「目標情報票」にみる岡山

当時のアメリカ軍が、空襲の目標としての岡山市街地をどのようにとらえていたのかがわかる資料があります。1945年6月20日付の「目標情報票」と呼ばれる資料です。空襲の9日前に作られた資料ですから、当時のアメリカ軍が持っていた岡山市街地に関する最新の情報と言えるでしょう。

この「目標情報票」では、岡山市の特徴が次のように簡単に書かれています。

岡山は――この都市は、工業施設、商業施設、軍事施設を持ち多様な活動を行っている都市であるが――日本の航空機産業の新しい中心地として第一に重要である。この都市は幅広い製品を生産し、重要な国内商業の港であり、軍隊の訓練センターである。

工藤洋三『OKAYAMA６・29米軍資料の中の岡山空襲』（手帖舎、１９９６年）より引用

実際、当時の岡山市内には、鐘淵紡績《かねがふちぼうせき》株式会社や倉敷航空化工株式会社（現・クラレ）をはじめとする大小さまざまな工場、旧陸軍第十七師団の兵舎《へいしゃ》（現・岡山大学津島キャンパス）や練兵場《れんぺいじょう》（現・岡山県総合グラウンド）、兵器廠などの軍事施設がありました。こうしたことから、アメリカ軍は岡山を優先的に攻撃すべき都市と考えていた、と読むことができます。

ただし、岡山をはじめ、アメリカ軍の攻撃目標になった日本の中小都市は、

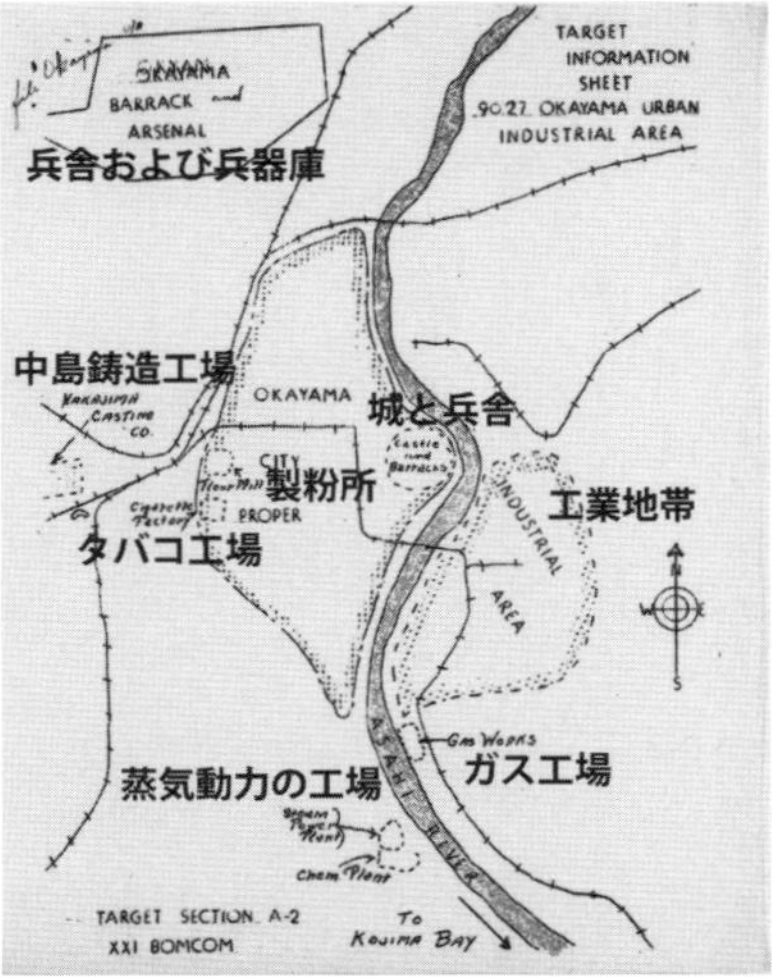

岡山の目標情報票（一部）
（原資料：アメリカ国立公文書館所蔵・工藤洋三提供、一部加筆。）

特に軍事的な重要性があったわけではありません。「工場がある」、「軍事施設がある」などの条件は、当時ある程度以上の人口規模を持つ都市であれば、たいてい当てはまるものです。そして、実際の空襲では、工場や軍事施設だけがねらわれたのではなく、むしろ、一般の人々が生活するエリアの方が大きな被害を受けました。

繰り返しになりますが、都市空襲（戦略爆撃）の目的は、敵国の本土を破壊し続けて、戦争を継続する能力を失わせることにあります。一方で、市街地を攻撃する＝民間人を殺害する、ということが目的としてあからさますぎると、作戦に参加するB‐29の搭乗員たちの士気を下げる可能性がありました。そのため、この「目標情報票」では、いわば攻撃の正当性に建前《たてまえ》や言い訳を与えるようなかたちで、目標となる都市の軍事的な重要性が実際よりも少し誇張《こちょう》して書かれているわけです。

おなじく「目標情報票」には次のような記述もあります。

（略）岡山の建造物は、主として木造あるいはしっくいの1階あるいは2

階建てであり、市の北部にはいくつかの近代的なコンクリートの事務所や店舗がある。多くの小さな工場は市内にあるが、大きな工場や軍事施設は市の周縁部に位置している。

市内には充分な防火帯はない。いくつかの小さな公園や堀を持った城は避難所として役立つかもしれないが、火はその回りを焼くだろうから、これらの施設は防火帯とは考えられない。旭川は南東部の工業地区を市内から分離しており、充分な防火帯である。北部と北西部の鉄道は兵舎、兵器廠と市内の間の小さな防火帯となるかもしれない。

工藤洋三『ＯＫＡＹＡＭＡ６・29米軍資料の中の岡山空襲』（手帖舎、１９９６年）より引用

これを読むと、大きな工場や軍事施設は市の中心部ではなく周縁にあることを、アメリカ軍は認識していることがわかります。同時に、岡山市内にある建物の燃えやすさや密集具合、火事の延焼を防ぐ大きな防火帯の有無を、アメリカ軍が気にかけていることもわかります。これはつまり、アメリカ軍の攻撃目標はあくまで建物が密集しているところ＝市街地であり、そこを焼夷弾によって効率的に焼

き払おうとする明確な意図を持っていたことを示しています。

まとめると、岡山市が都市空襲の目標となったのには、何か決定的な理由があったわけではありません。強《し》いて言えば、一定以上の人口規模を持つ都市であったこと、マリアナ諸島の基地から攻撃可能な範囲にあったこと、という2点が理由として挙げられるでしょうか。しかし、これは日本の多くの都市に当てはまることです。むしろ、人々の生活圏を破壊し、人命を奪って、恐怖と厭戦《えんせん》感を募《つの》らせることを目的とする無差別爆撃が、ただ粛々《しゅくしゅく》と行われていったとみるべきでしょう。戦争が続く限り、いずれ岡山が空襲を受けることは避けられなかったのです。

●岡山空襲の作戦

岡山空襲は、1945年6月29日の夜間に行われましたが、これは中小都市空襲としては第3回目にあたり、同じ日に長崎県の佐世保《させぼ》、福岡県の門司《もじ》、宮崎県の延岡《のべおか》も空襲を受けました。

ところで、戦略爆撃の第3期では、天気が良い場合は昼間に工場への精密爆撃を行い、そうでない場合は夜間に都市へ空襲を行う計画になっていました。この

6月29日に行われた空襲に関する情報をまとめたアメリカ軍の「作戦任務報告書」（作戦任務234～237）という文書では、この日の攻撃は6月28日に出された天気予報に基づいて決定されたとあります。つまり、6月28日から29日にかけての西日本上空の天候は悪く、昼間の精密爆撃には適さないと判断されたため、夜間に焼夷弾空襲を行うことになったのです。

具体的にどのような命令、指示が出ていたのかについては、先の「作戦任務報告書」と、「野戦命令書」とをあわせて見ることでわかります。野戦命令書は、マリアナ諸島に配備されたB‐29部隊である第21爆撃機集団の司令部が、配下の航空団などに発した命令を記したものです。実際の作戦行動は、状況によって命令

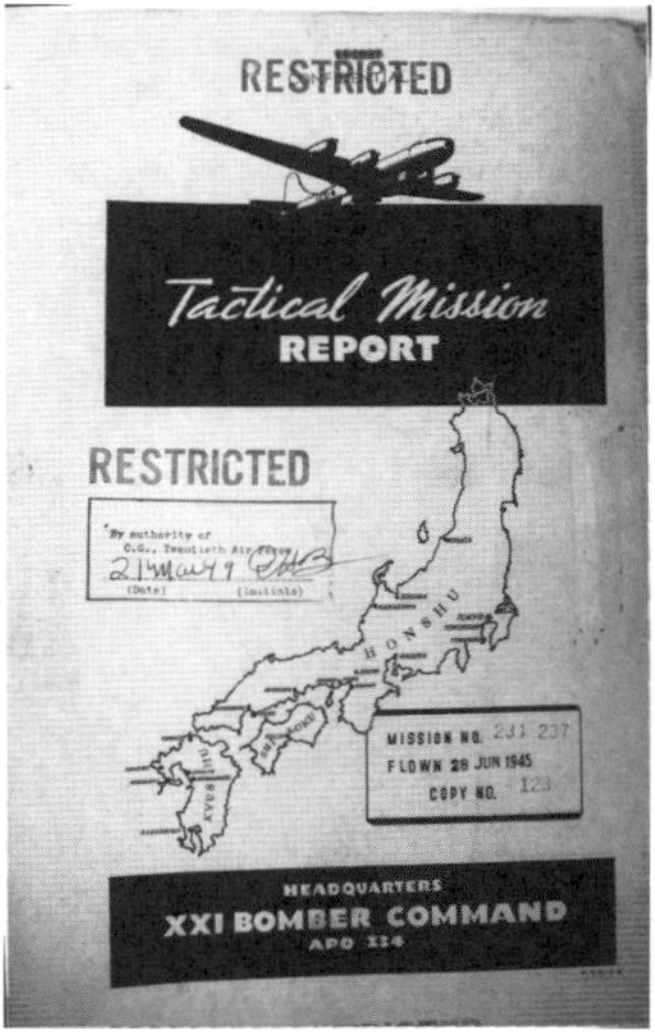

岡山空襲の作戦任務報告書
（原資料：アメリカ国立公文書館所蔵・工藤洋三提供）

どおりに行われないことがあります。そのため、当初どのような命令が出されているかを知るには、野戦命令書を見る必要があります。

6月29日の空襲の野戦命令番号は第91号で、6月28日午前7時（日本時間）に発令されています。そのうち岡山空襲は、テニアン島に基地を置く第58航空団（第21爆撃機集団が持つ爆撃機部隊のひとつ）が担当することになりました。

攻撃に参加するB‐29を4グループ（群団）に分け、最初の2グループはM47焼夷弾を、後続の2グループはE48集束焼夷弾を積み、目標へ投下することになっていました。第58航空団のB‐29に搭載されたレーダーは爆撃用に適したものではなかったため、レーダーの性能を補《おぎな》えるように優秀《ゆうしゅう》なレーダー爆撃手12人を選抜して、先導機12機に乗り込ませることになっていました。そして、この先導機が目標にM47焼夷弾を先行投弾して地上に大きな火災を起こし、その火災を目印に後続機が爆撃する方法が採用されました。このときの投弾の目標となる地点を爆撃中心点といいます。

爆撃については、高度3400～3600mから投弾し、M47焼夷弾は30m間隔、集束焼夷弾は15m間隔で投下するよう指示されていました。また、集束焼夷弾は高度1500mで解束することになっていました。
そして、爆撃開始から70分以内に全弾投下することが目標となっていました。これは攻撃の密度を上げて、焼夷弾の効果を高めることがねらいでした。

●岡山空襲のリト・モザイクと爆撃中心点

都市への空襲に参加するB‐29全機には、目標となる一点を目がけて焼夷弾を投下するよう指示が出されていました。その一点を爆撃中心点（MPI／Mean Point of Impact）といい、この爆撃中心点を示すために作られたのがリト・モザイク（石版集成図）です。

リト・モザイクは、複数の写真を組み合わせて作った写真（モザイク写真）を石版印刷（リトグラフ印刷）によって複製印刷したものです。都市空襲の目標となるすべての都市に対して作られました。リト・モザイクの各辺にはそれぞれ152の目盛りが打ってありますが、これは爆撃中心点の座標《ざひょう》を伝えるためのものです。

岡山のリト・モザイクは、1945年5月13日に撮影した岡山市街地の航空写真をもとにして作られました。岡山空襲の野戦命令書では、爆撃中心点の座標として「０７１０９７」の数字が示されています。最初の０７１は横座標、残りの０９７は縦座標になります。このとおりに目盛りをたどると、県庁通りと国道53号線の交差点（岡山市北区中山下）になります。１９４５年当時、ここには電話局と郵便局があり、現在ではＮＴＴクレド岡山ビルと岡山中央郵便局があります。

岡山のリト・モザイクでは、爆撃中心点を中心に黄色い円が描かれています。この円は、爆撃中心点から半径１・２㎞の範囲内を示すもので、確率誤差円（あるいは半数必中界）といいます。そして、当時の岡山市街地の中心部のほとんどが、この円の中におさまっています。

先に述べたように、全機が爆撃中心点をねらって焼夷弾を落とすのですが、実際はその一点に全弾落下するわけではありません。強い風に流されたり、投下タイミングがわずかにずれたりして、投下された焼夷弾はどうしても散らばって落ちてきます。しかし、確率的に、投下した焼夷弾の約半分がこの円内に落下すると予測されていました。同時に、この円内に落下するはずの量(全投下量の半分程度)の焼夷弾で、円の範囲内は充分焼き尽くすことができる、とアメリカ軍は計算していました。

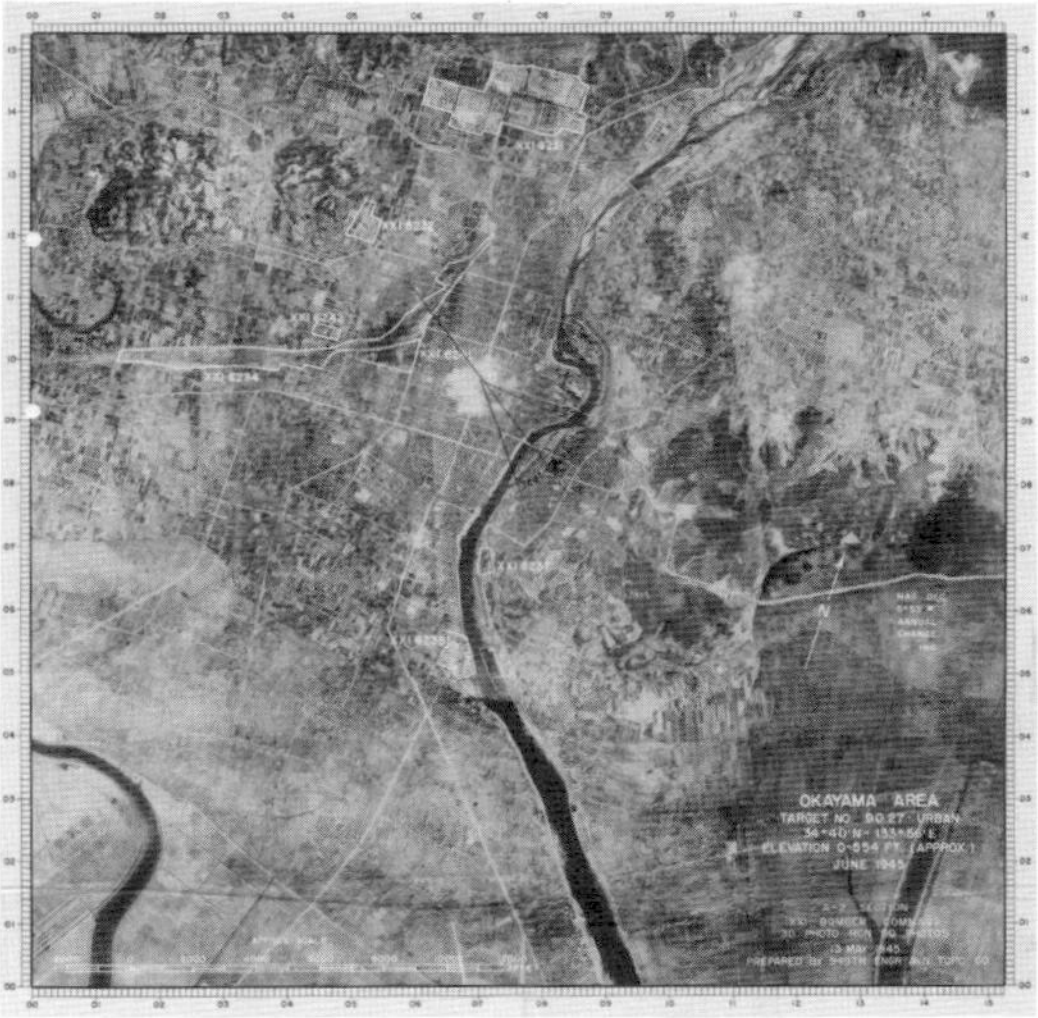

岡山のリト・モザイク（全体）
（原資料：アメリカ国立公文書館所蔵・工藤洋三提供）

岡山のリト・モザイク（中心部）
（原資料：アメリカ国立公文書館所蔵・工藤洋三提供）

そして、岡山空襲で使われたリト・モザイクの確率誤差円の範囲内には、特に目立った軍事目標はありませんでした。岡山空襲は、明らかに市街地と民間人を目標とした無差別爆撃だったのです。

なお、岡山空襲のような夜間のレーダーによる焼夷弾空襲の場合は、一般に確率誤差円の範囲は1・2kmでした。そして、爆撃中心点は、広い道路の交差点のような、ねらいやすい位置になるように設定されることがほとんどでした。また、岡山の場合は一つだけでしたが、都市の大きさや形状、人口密度によっては、1回の空襲で二つ以上の確率誤差円が設定されることもありました。

焼夷弾を投下するB-29
（原資料：アメリカ国立公文書館所蔵・工藤洋三提供）
慣性や気流などによって、焼夷弾は散らばって落ちてきます。写真は横浜空襲のときのもの。

1945年5月29日横浜空襲のリト・モザイク（原資料：アメリカ国立公文書館所蔵・工藤洋三提供）

このときの横浜空襲では、爆撃中心点と確率誤差円が4カ所に設定されています。

●岡山空襲に使われた焼夷弾

岡山空襲では、大型のM47焼夷弾と小型のM74焼夷弾の2種類が使われました。これらの焼夷弾の内部には、粗製ガソリンに添加物《てんかぶつ》を混ぜて粘度《ねんど》を高めたゼリー状の焼夷剤が詰められていました。そして、地上に落下して起爆すると、その燃料が燃えながら飛び散り、周囲の建物を焼き払う仕組みになっています。

M47焼夷弾は全長約124㎝、直径約20㎝、重さ約31kgの大型焼夷弾です。岡山空襲では12602個（重さにすると394トン）が投下されました。

M47焼夷弾は1945年3月10日の東京大空襲以来、日本各地の空襲で多く使われたものです。戦争中に何度か改良が加えられてお

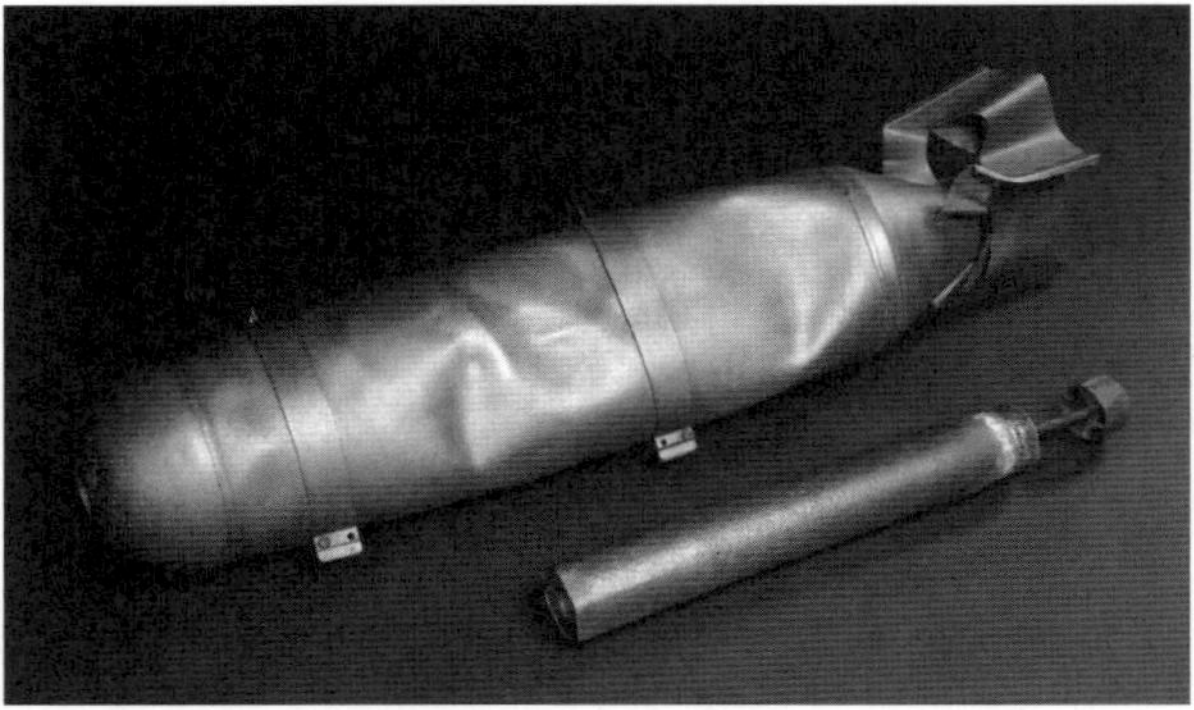

岡山空襲で使われたM47A2焼夷弾（奥）とM74焼夷弾（手前）

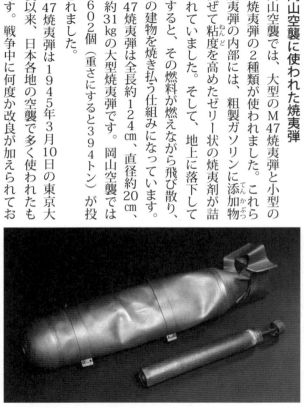

り、岡山空襲で使われたのはM47A2というタイプでした。

M47焼夷弾は中心にTNT火薬の詰まった炸薬筒《さくやくとう》が入っており、起爆すると鉄製の弾筒が裂《さ》け散るほどの大きな爆発と火災を引き起こします。そして火がついた内容物が辺り一帯に飛び散り、半径約15mが大きな炎に包まれます。また、上空から落下してきたM47焼夷弾には、厚さ約13㎝のコンクリートを貫通するほどの威力があります。

M74焼夷弾は全長約50㎝、直径約7㎝、重さ約3・8㎏の小型焼夷弾です。起爆すると、火がついた内容物が尾部から飛び出し、周囲を燃え上がらせます。上空から落下してきたM74焼夷弾は、厚さ約10㎝のコンクリートを貫通することができます。

M74焼夷弾は、日本への空襲でよく使用されたM69焼夷弾の改良型として登場した新型で、日本国内での使用例はあまりありません。岡山への空襲と、その同日に行われた佐世保空襲で投下されています。そのほか、青森、津、大阪、熊本でも使われています。第二次世界大戦後も引き続き使われ、ベトナム戦争のころにはM69焼夷弾に置き換わったようです（ちなみに、M69焼夷弾は映画『火垂《ほた》るの

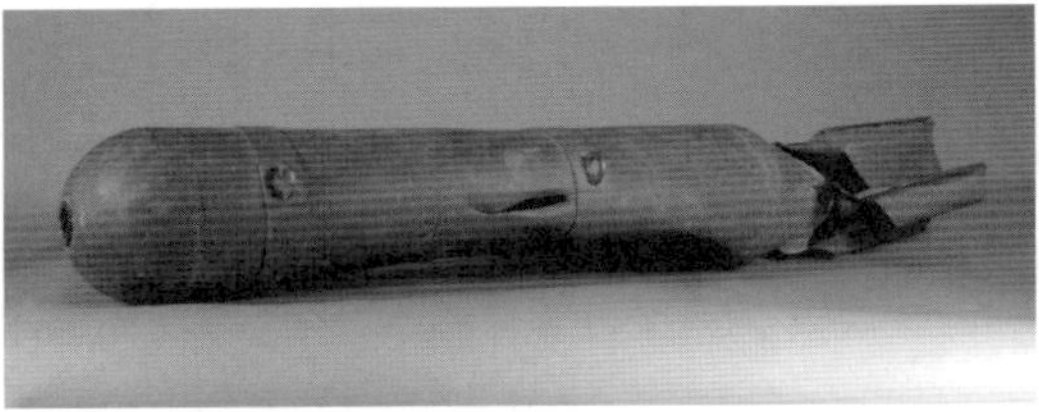

岡山空襲で使われた M47A2 焼夷弾

M47A2 焼夷弾
（原資料：アメリカ国立公文書館所蔵・工藤洋三提供）

静置した M47 焼夷弾が炸裂《さくれつ》するところ
（原資料：アメリカ国立公文書館所蔵・工藤洋三提供）

M74焼夷弾

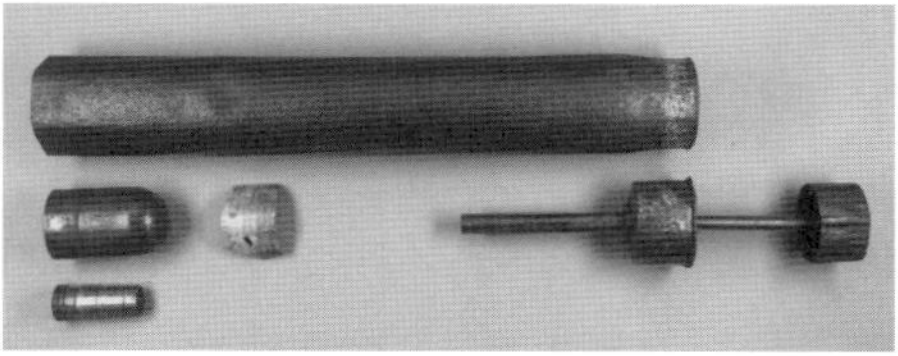

M74焼夷弾と内部部品

墓《はか》』にも登場したもので、姿勢制御のため尾部にストリーマー（細長い布）が取り付けられているのが特徴の焼夷弾です）。

実際の空襲では、M74焼夷弾を38本束ねたE48集束焼夷弾として投下されました。E48集束焼夷弾はいわゆるクラスター爆弾で、高度1500m付近で解束して、一つひとつのM74焼夷弾がばらばらに散らばって地上に落下する仕組みになっています。こうすることで、より広い範囲を攻撃することができました。岡山空襲では、2187個のE48集束焼夷弾（重さにすると496トン）が投下されました。これはM74焼夷弾に換算すると83106個になります。

M47焼夷弾とM74焼夷弾とをあわせて95708発（約8890トン）の焼夷弾が人々の上に落とされました（このほか、ごくわずかに照明弾も使われています）。

日本の都市への空襲の場合、大型と小型の焼夷弾を組み合わせて爆撃が行われます。まず最初に、M47焼夷弾のような大型の焼夷弾が落とされます。そして、地上の民間人による初期消火では消せないほどの火災（アプライアンス火災）を発生させます。こうした火災は同時に、空襲を行う後続の爆撃機にとって、爆撃地点の目印にもなるものでした。さらに大型の焼夷弾の投下を続け、それに続けて小型の焼夷弾をより広範囲にばらまいて火災の勢いをどんどん広げていき、やがて専門の消防設備を使っても消火が困難なほどの大火災を引き起こし、都市を焼き尽くす――これが、焼夷弾を使った空襲の実態でした。

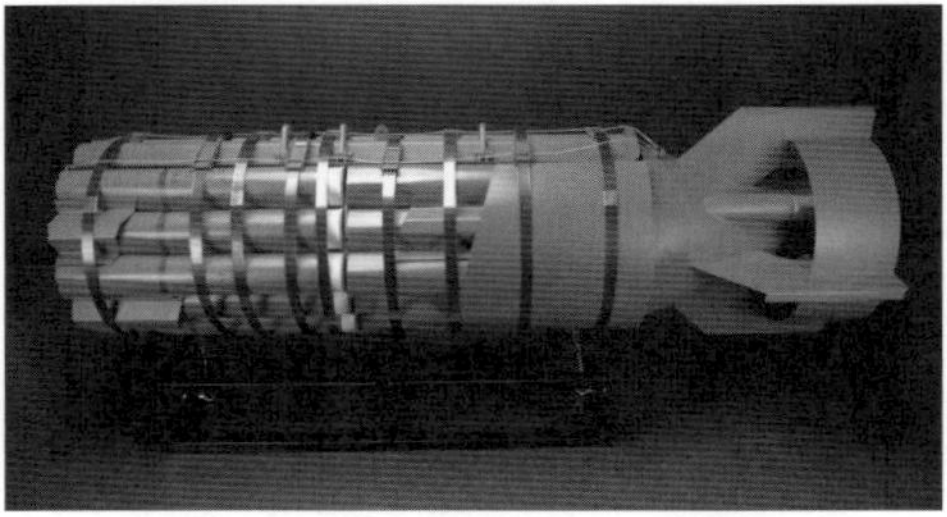

E48 集束焼夷弾（模型）

M74 焼夷弾が 38 本束ねられている構造がわかるようにした模型です。

一方、焼夷弾は火災を起こすための爆弾ではありますが、約3・8kgや約31kgの鉄製の物体が空から大量に落ちてくること自体が、地上の人々にとって、まずおそろしいことです。もしこれらが人の体に直接ぶつかった場合にはどうなるでしょうか。上空から落ちてくる焼夷弾は厚さ10㎝ほどのコンクリートを貫通するほどの威力があります。そういったものが頭に直撃すればまず即死でしょうし、胴体に当たれば体を突き破ってしまうでしょう。手足にぶつかれば、手足が吹き飛んで無くなってしまうでしょう。

また、焼夷弾がすぐ近くに落下して起爆すれば、中から飛び出す火を全身に浴びる可能性もあります。それにより重度の火傷《やけど》を負い、場合によっては命を落とすこともあります。焼夷弾から飛び散る火は、ガソリンに火がついたものですから、水をかけた程度では簡単には消えません。「火がついたままの油のかたまりが川に漂《ただよ》っていた」との証言もあるほどです。

実際に、焼夷弾の直撃を受けて亡くなった人、首から上が無い遺体を見た人、ひどい火傷がずっと残った人、空襲による火傷がもとで亡くなった人に関する証言や資料も多く残っています。

② 岡山空襲はどのように行われたのか

●テニアン島の基地から岡山へ

1945年6月28日午後7時15分（日本時間）、岡山へ向かうB‐29の最初の1機がテニアン島の基地を離陸しました。その後、およそ1分間隔で次々と飛び立ち、最後の1機が離陸したのは午後8時51分でした。先導機12機を含んだ計141機のB‐29が岡山へ向けて飛び立ちました。しかし、そのうち3機は目標へたどり着けなかったなどの理由で無効機となり、実際に岡山を空襲したB‐29は138機でした。テニアン島から岡山へ向かったB‐29の最初の1機と最後の1機の出発／帰還《きかん》の時間は表4のとおりです。

表4：岡山空襲作戦の推移※

	最初のB-29	最後のB-29
離陸（テニアン）	28日　19時15分	28日　20時51分
硫黄島通過	22時53分	29日　0時12分
上陸点	29日　2時29分	3時48分
目標（岡山市街地）	2時43分	4時07分
離岸点	2時57分	4時28分
着陸（テニアン）	9時00分	11時16分

※日本時間による

※工藤洋三『OKAYAMA6・29米軍資料の中の岡山空襲』（手帖舎、1996）より引用、一部加筆。

岡山へ向かうＢ‐29の航路は図３のようになります。まず、テニアン島を飛び立ったＢ‐29は、硫《い》黄《おう》島の上空を通過します。硫黄島はこのときすでにアメリカ軍の支配下であり、非常時の着陸地点でした。日本本土を空襲する部隊はかならず硫黄島の上空を通過することになっていました。そして硫黄島を抜けて淡路《あわじ》島南部の沼島《ぬしま》上空に向かい、そこから北西に進んで岡山へ向かいました。岡山市街地には南東方向から侵入することになります。テニアン島から岡山までは片道およそ２５００㎞、約7時間の航程でした。

図３：テニアン島から岡山への航路

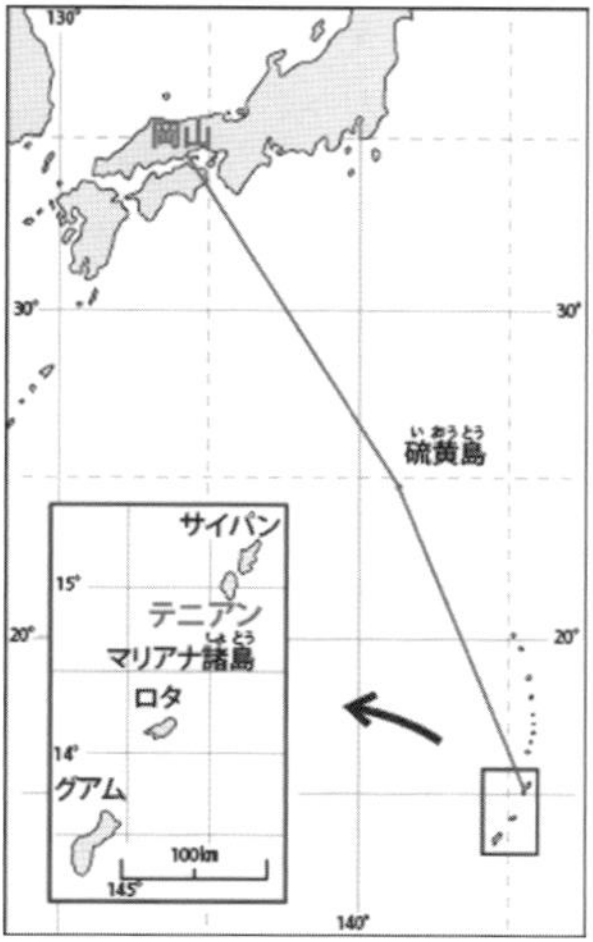

工藤洋三『OKAYAMA6・29米軍資料の中の岡山空襲』（手帖舎、1996 年）より引用。一部加筆。

●1945年6月29日　岡山市街地への空襲

テニアン島を飛び立った最初のB‐29が岡山上空に到達したのは、1945年6月29日午前2時43分で、ここから爆撃が始まりました。138機のB‐29は4グループに分かれており、約3300〜4000mの高度から焼夷弾を次々に投下しました。先導機12機を含む最初の2グループが大型のM47焼夷弾を、後続の2グループがE48集束焼夷弾（小型のM74焼夷弾を38本束ねたもの）を投下しました。投下の目標として指定された爆撃中心点は、県庁通りと国道53号線の交差点（岡山市北区中山下）でした。

空襲は午前4時7分まで続きました。この1時間24分の間に、計95708発（約890トン）もの焼夷弾が岡山市街地に落

離陸を待つB -29
（原資料：アメリカ国立公文書館所蔵・工藤洋三提供）
およそ1分間隔で次々と離陸しました。

とされました。

このときの岡山上空は雲が少なかったようで、先導機や最初のグループのB-29は目視で焼夷弾を投下しました。しかし、ここでアメリカ軍にとって予定外の事態が起こりました。投下した焼夷弾が起こした火災が、激しい煙と上昇気流を発生させたため、後続機は爆撃中心点が見えにくくなってしまったのです。そのため、後続機の多くはレーダーの画像をもとに目視で修正を加えながら投弾することになりました(このことをアメリカ軍は教訓として、次に行う第4回中小都市空襲では投弾高度を少し上げました)。

空襲中の岡山市街地
(原資料：アメリカ国立公文書館所蔵・工藤洋三提供)
猛烈な炎と煙が立ちのぼっているのがわかります。

なお、岡山を空襲した138機のB-29のうちの1機が岡山市南区の宮浦地域にある貝殻山《かいがらやま》付近に墜落《ついらく》しています。墜落の原因は不明です。岡山にも、対空砲火を行う高射砲が配置されていましたが、B‐29に対してはほとんど効果がなかったようです。

③　岡山空襲の被害

アメリカ軍の空襲により、岡山市街地は広い範囲が焼け野原となりました。どれだけの被害があったのかを、アメリカ軍の資料や岡山に残る文書・資料からみてみましょう。

●アメリカ軍による損害評価

アメリカ軍は、空襲から数日後に、爆撃後の市街地の航空写真を撮影します。これは、自分たちの攻撃がどれだけの損害を与えたのかを確認するためのものです。この爆撃後の市街地の写真と、爆撃前にあらかじめ撮影した市街地の写真とを比較して、焼失面積の推定や建物の損害率などの分析を行いました。

岡山の場合は、空襲から6日後の1945年7月5日に、焼け野原となった岡山市街地の航空写真が撮影されました。これと比較するための空襲前の市街地は

5月13日に撮影されており、先に述べた爆撃中心点を指定するリト・モザイクの作成にも使われました。

空襲前の写真と空襲後の写真を見比べてみると、空襲後の写真は市街地の中心部が白くなっています。この白くなっている部分が空襲で焼けてしまった部分です。また、リト・モザイクとも比べてみると、確率誤差円（爆撃中心点から半径1・2㎞の円）の範囲内はほとんど焼失していることがわかります。

一方で、市の中心部にあっても焼け残った建物がいくつかあります。焼け残ったのは鉄筋コンクリート造の頑丈《がんじょう》な建物がほとんどで、たとえば電話局や郵便局（この二つは爆撃中心点のすぐそばでした）、天満屋《てんまや》岡山本店などがあります。また、アメリカ軍が「目標情報票」で事前に予想していたように、旭川や鉄道の線路が防火帯として火災が広がるのを防いだこともわかります。

アメリカ軍は、このような岡山の損害状況を分析し、1945年7月12日発行の「損害評価報告書130号」にまとめました。これによれば、岡山市街地のうち約5・51平方㎞、市街地の63％にあたる面積を破壊できたとあります。同時に、それを〝excellent〟（非常に優秀）な成果であるとしています。

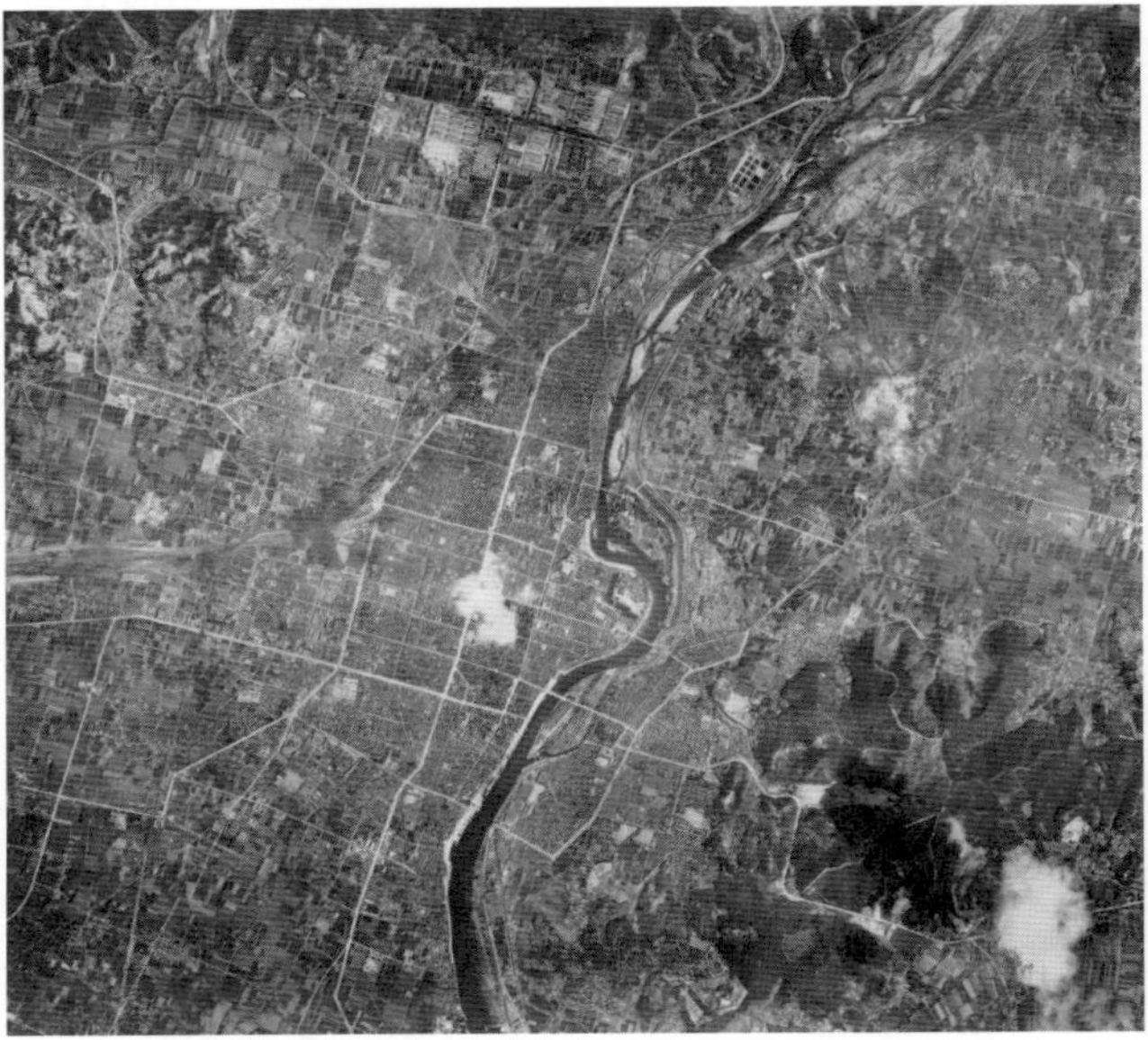

空襲前の岡山市街地　(1945 年 5 月 13 日撮影)
(原資料：アメリカ国立公文書館所蔵・工藤洋三提供)

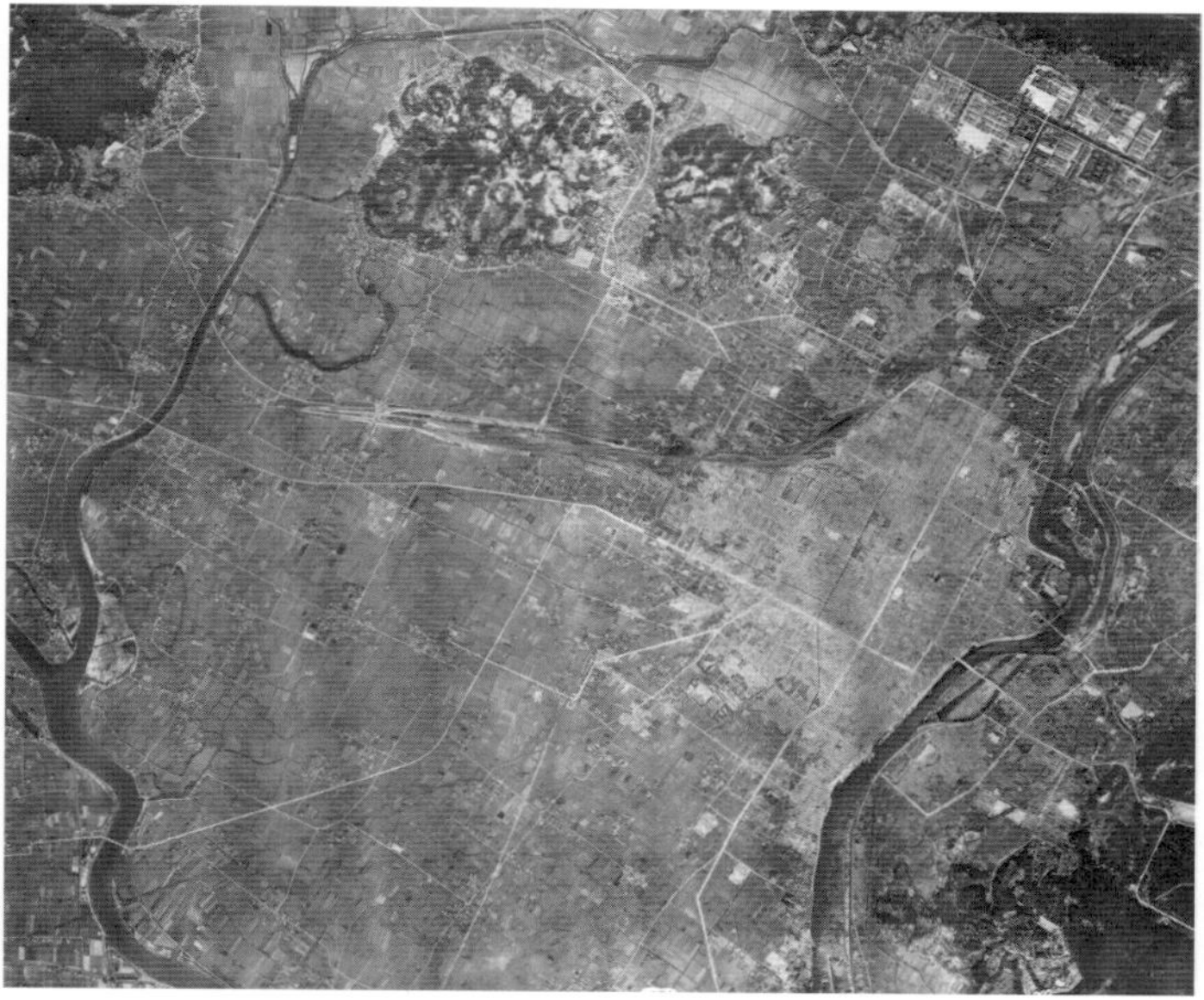

空襲後の岡山市街地　(1945 年 7 月 5 日撮影)
(原資料：アメリカ国立公文書館所蔵・工藤洋三提供)

●岡山市の被害調査
——「㊙焼夷弾爆撃ニ依《よ》ル焼失状況図」と『岡山市町別戦災調査資料』

空襲を受けた岡山市は、被害状況をどのように記録したのでしょうか。代表的な資料が「㊙焼夷弾爆撃ニ依ル焼失状況図」と『岡山市町別戦災調査資料』です。

「㊙焼夷弾爆撃ニ依ル焼失状況図」は、市販の地図をもとに空襲で焼けた範囲を赤く塗《ぬ》って示したものです。市内各所からの報告にもとづいて作成されたのでしょう。アメリカ軍が撮影した空襲後の航空写真と見比べると、細かな違いはありますが、実際の焼失範囲をよく示していることがわ

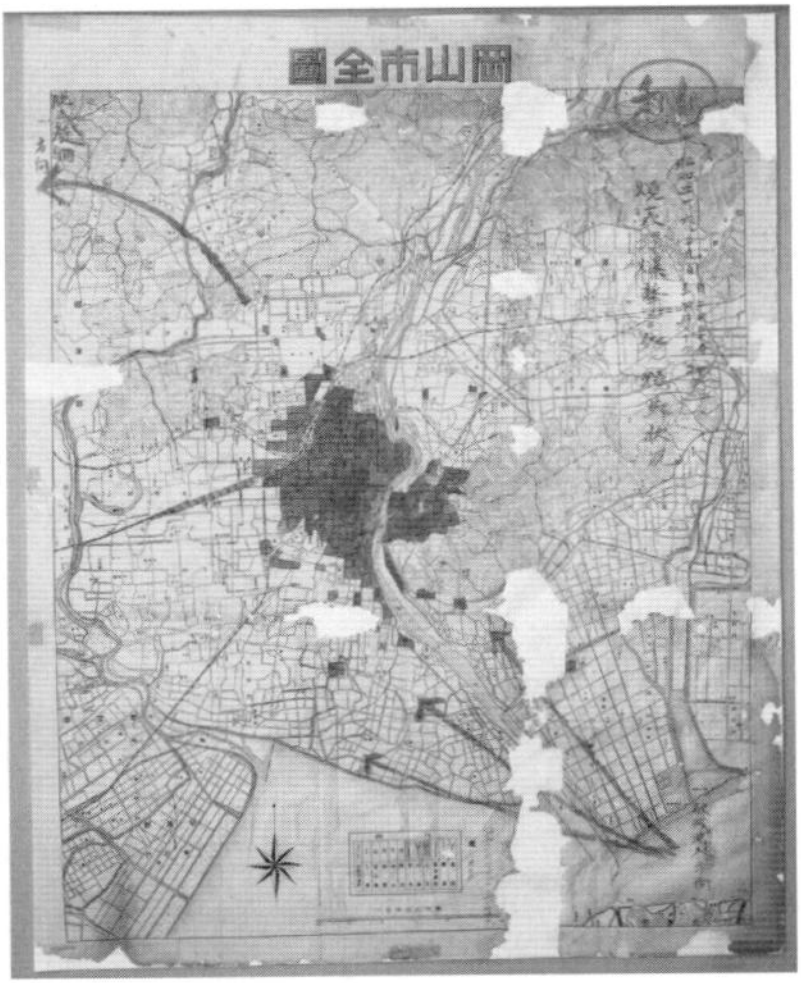

㊙焼夷弾爆撃ニ依ル焼失状況図
（岡山市立中央図書館所蔵）
本書裏表紙カバーにカラーで掲載しています。

かります。

この図の下部には「昭和二十年六月二十九日午前十時現在」とあります。当時の岡山市役所は空襲で焼けてしまったため、弘西《こうさい》国民学校に臨時市役所が設置されました。そしてこの時刻には、臨時市役所に関係者が集まり、敵機の侵入状況と被害状況の確認、今後の対策の検討がされています。この場で、情報共有のために示されたのがこの地図なのかもしれません。

『岡山市町別戦災調査資料』は1946年10月から1947年3月にかけて行われた調査記録をまとめたものです。終戦後の岡山市会（市議会）で、空襲の被害についてまとめた書籍を発行することをめざし、そのための調査をすることが決まりました。

このときの調査を主に担当した民俗《みんぞく》学者・岡秀俊《ひでとし》は、各町内会長のもとを訪ねまわり、聞き取り調査を実施《じっし》しました。町内会長を訪ねたのは、当時の罹災者《りさいしゃ》（災害などで被害を受けた人）への救助や給付を行う仕組みのなかで、地区の全世帯の罹災状況を市や県など上位の行政組織に伝えるのが町内会長の大事な役目であり、そのため、町内会長は地区内の罹災状況をよく把握していたからです。

調査の内容は、時に原稿用紙の枠をはみ出し、欄外《らんがい》や紙の裏にいたるまで小さな文字でところ狭《せま》しと書き込まれています。しかし、このときにはさまざまな事情から書籍は刊行されず、貴重な調査記録だけが残されました。現在は岡山市立中央図書館に保管されています。

吉岡三平編『岡山市町別戦災調査資料』1946年
（岡山市立中央図書館所蔵）

●岡山空襲の犠牲者

岡山市が公表しているところでは、岡山空襲により亡くなった人は1737人以上とあります。

ただし、この1737人という数字は、1945年6月29日から8月6日までの間に岡山東警察署と岡山西警察署（いずれも当時）に収容された死者の数です。そのため、ここに収容されなかった遺体や、この期間より後に亡くなった人は含まれていないと考えられます。その意味では、正確な犠牲者の数は今もわかっていません。

空襲で負った怪我《けが》や火傷に長く苦しんだのちに亡くなった人は、きっと少なくなかったでしょう。また、災害関連死のように、空襲で直接的な被害はなかったものの、避難《ひなん》した先で病気になったり持病が悪化したりして亡くなった人もいたことでしょう。

そうして亡くなった人々を含めると、岡山空襲の犠牲者は2千人以上になるとする研究もあります。岡山市でも戦災死者名簿《めいぼ》の整備を進めています。犠牲者の遺族や知人からの情報をもとに、現在のところ約1400人が名簿に記載されています。

佐藤智嵯子《ちさこ》さんは、岡山空襲の犠牲者の一人です。佐藤さんは当時18歳、岡山県就実《しゅうじつ》高等女学校（現・就実高等学校）に通う女学生でした。彼女は岡山市下西川（現・北区南中央町）の自宅から兄、妹の3人で空襲から逃げていました。しかし、その途中、清輝橋から100mほど南の地点で子どもを助けようとして、焼夷弾の直撃に遭《あ》いました。岡山医科大学附属病院（現・岡山大学医学部附属病院）に運ばれたものの助かりませんでした。医師が作った死亡診断書には「敵機空襲」による全身火傷が原因で心臓麻痺《まひ》を引き起こし、6月29日午前11時30分に死亡したことが記されています。この佐藤さんのように、亡くなった時の状況がはっきりわかり、本人の写真や関連する資料まで残っている犠牲者はほとんどいません。

佐藤智嵯子さんの肖像写真

　佐藤さんの家族以外にも、岡山医科大学附属病院には、空襲後に多くの人が治療《ちりょう》を求めて詰めかけたと言われています。病院は、木造の建物を中心にほとんど燃えてしまってい

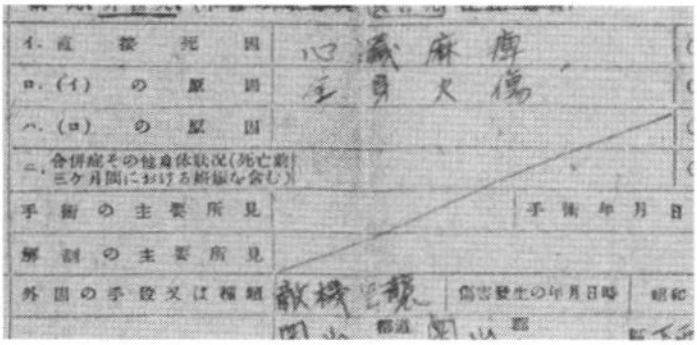

死亡原因が記入された箇所

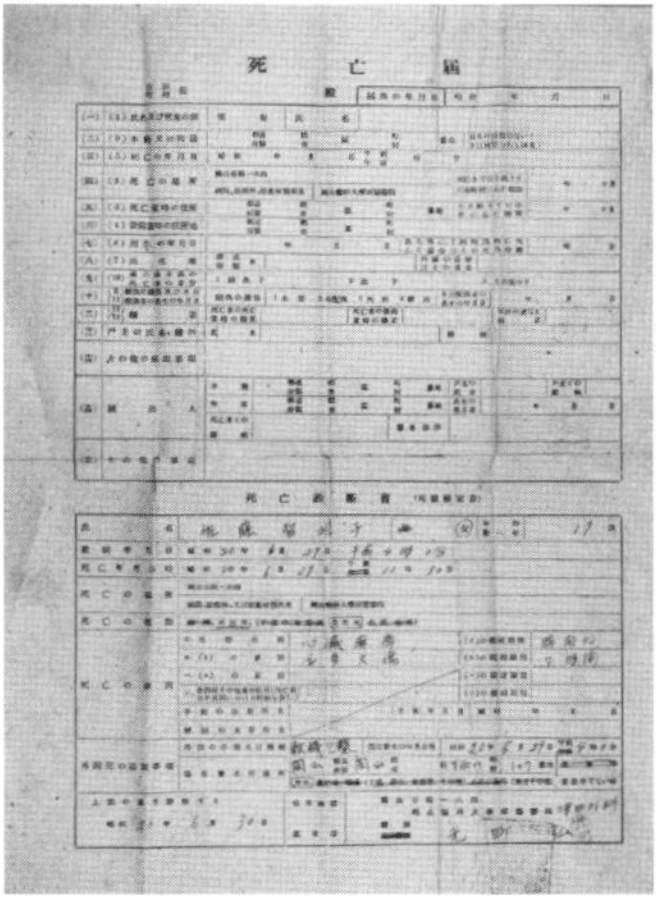

佐藤智嵯子さんの死亡診断書

空襲開始から４分後の時間をさして止まった腕時計

人見辰江さんが自宅の焼け跡から見つけた腕時計。高等女学校の入学祝いに母親から贈られたものでした。時計の針は、２時 47 分――岡山空襲が始まって４分後をさしたまま止まっています。

ましたが、それでも懸命に治療が行われました。治療にあたった医師や看護師らの証言によれば、病床は早々にいっぱいになり、怪我人らを待合室や廊下に寝かせておくしかない状況だったようです。また、治療を待つ間に息を引き取った人もいたようです。

●出るはずだった警報《けいほう》――牛窓《うしまど》防空監視哨《かんししょう》の記録から

空襲が行われるとき、地上では警戒《けいかい》警報や空襲警報といった警報が発令されます。現代で言えば、Jアラートや緊急地震速報とよく似た役割の警報です。

警戒警報は、敵機（敵の飛行機）が近づいてくるおそれがある場合に発令され、それを聞いた人々は避難の準備を始めます。空襲警報は空襲が始まる危険性が高まったときに発令され、人々は防空壕《ごう》などへの避難を急ぎます。この警報を出す際に重要な働きをするのが、各地にある防空監視哨という施設です。

防空監視哨は、敵機の来襲を察知《さっち》する施設です。監視哨が敵機を発見したら防空監視隊本部に報告し、そこから軍の防衛司令部へと伝達されます。司令部はその情報をもとに警戒警報や空襲警報の発令を判断します。警報は敵機の迎撃や住民の避難などにつながるため、防空監視哨は本土防衛における最前線の施設といえます。隊員には聴力や視力に優れた人が選ばれ、訓練を受けて監視の任務にあたりました。

岡山県内にはおよそ20から30カ所の監視哨があったようです。そのなかでも牛窓（現・瀬戸内市牛窓町）の牛窓防空監視哨は非常に優秀だとして全国でも知られていました。

牛窓に防空監視哨が設置されたのは1937年のことです。監視哨員に任命された正本《まさもと》安彦《やすひこ》さんは終戦までの8年間勤務し、終戦時には監視哨長となっていました。彼は防空監視について深く研究し、監視哨は優秀な成果をあげていました。

岡山空襲の際、牛窓防空監視哨は

若き日の正本安彦さん 正本写真館所蔵

牛窓防空監視哨
正本写真館所蔵

双眼鏡などを使って空を監視している様子。「敵機発見」のメモがそえられていました。

牛窓防空監視哨　1945年8月27日
正本写真館所蔵

「監視哨最後の日」のメモがあり、おそらく解散するときの集合写真なのでしょう。

B‐29が飛んでくるのを午前2時40分（空襲開始の3分前）に確認し、岡山県の防空監視隊本部に報告しました。正本さんの回想によれば、報告したにもかかわらずなかなか警報が出ないので、本部へ警報を出すよう電話をかけたそうです。しかし、軍からの命令がないために警報が出せない、との回答で、そうこうするうちに岡山へ焼夷弾が投下されはじめたとのことでした。

当時、軍の司令部に勤務していた人の話によれば、この日の実態は次のようでした。岡山地域を管轄《かんかつ》する中部軍管区司令部（大阪府）では、牛窓とは別の監視哨からの情報で、すでに近畿地方には空襲警報を発令していました。このとき、本来の規則では、隣接する岡山にも警戒警報を出すことになっていました。しかし、司令部は岡山への空襲はないと判断し、警報も発令されませんでした。そのあとで牛窓からの情報が飛び込み、あわてて警報発令を指示するものの、すでに遅かったのです。

こうして空襲前に警報が出なかったため、岡山の人々はまさに寝耳に水で、避難の準備が充分にできない状態で空襲を受けることになりました。一方で、空襲が起こってから警報やサイレンを聞いた人もいます。たとえば、岡山からすこしはなれた連島《つらじま》町（現・倉敷市）の警防団の日誌には、午前2時45分に警戒警報、3時10分に空襲警報が出たことが記録されています。

哨長だった正本安彦さんは、日ごろの自分たちの努力はなんだったのかと、この出来事をずっと後悔《こうかい》していました。その思いから、本来であれば処分しなければならない牛窓防空監視哨の記録や資料を終戦後も大事に保管し、現在でも残されています。

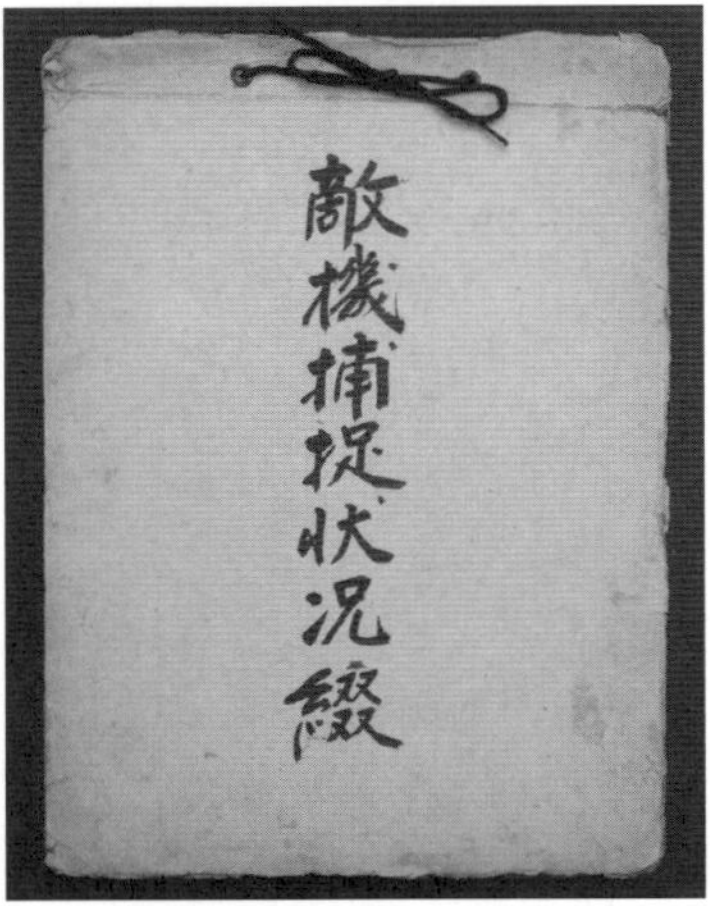

敵機補捉状況綴

牛窓防空監視哨による敵機発見の記録をまとめたもの。

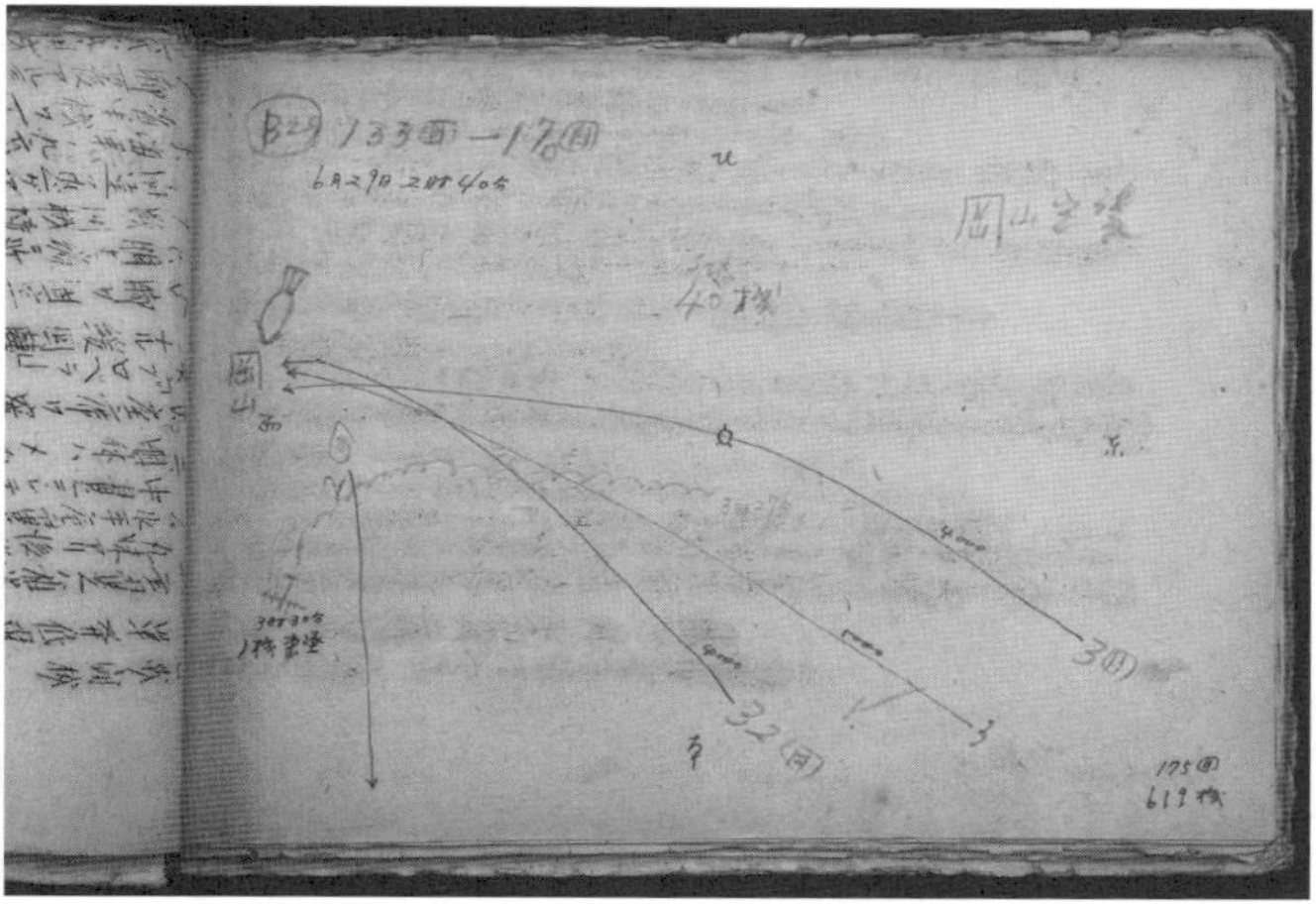

「敵機補捉状況綴」の 1945 年 6 月 29 日の記録
最初に敵機に気付いた「2 時 40 分」の時刻や、B-29 のうち 1 機が墜落したことなどが記されています。

●空襲後の岡山市街地

空襲により、岡山のまちは広い範囲が焼け野原になりました。空襲後のまちを見た人のなかには「岡山駅から天満屋まで見通すことができた」と話す人もいます。その途中にあったはずの建物がほとんど焼けて失われてしまったのです。今の私たちには想像もつかない光景が広がっていました。

こうした空襲直後のまちの様子がわかる写真は、あまり多くは残っていません。戦時中、カメラとフィルムは貴重《きちょう》なもので、さらに物資不足だったために、そもそも気軽に写真を撮《と》ることができませんでした。それにくわえて、国や軍は空襲の被害に関する情報を隠そうとし、焼け跡の撮影を許可しませんでした。仮にこっそり撮ることができても、見つかれば没収《ぼっしゅう》されました。そのため、今残っている写真の多くは終戦後に撮影されたものです。

現在の岡山県庁付近から西を見る
1945 年 10 月 11 日　矢延眞一郎撮影
中央の道路が現在の県庁通り、手前右にあるのが岡山女子商業学校の焼け跡（現在は県立図書館）です。

岡山県庁通りを北東方向から見る
左に天満屋岡山本店が見えます。その周りにはいくつかバラック（仮小屋）が建ち、道沿いにも露店が並んでいます。

岡山城の焼け跡　松浦硯二撮影ヵ

岡山城は、空襲により月見櫓と西手櫓を残し全焼しました。林の間の人影は片付けをする岡山県第一岡山中学校の生徒と思われます。

高熱で折れ曲がった電柱　宗政博もしくは矢延眞一郎撮影

空襲後の岡山駅　松浦硯二撮影ヵ

日本銀行岡山支店　正本安彦撮影　正本写真館所蔵

日本赤十字病院（左）と中国銀行（右）　正本安彦撮影
正本写真館所蔵

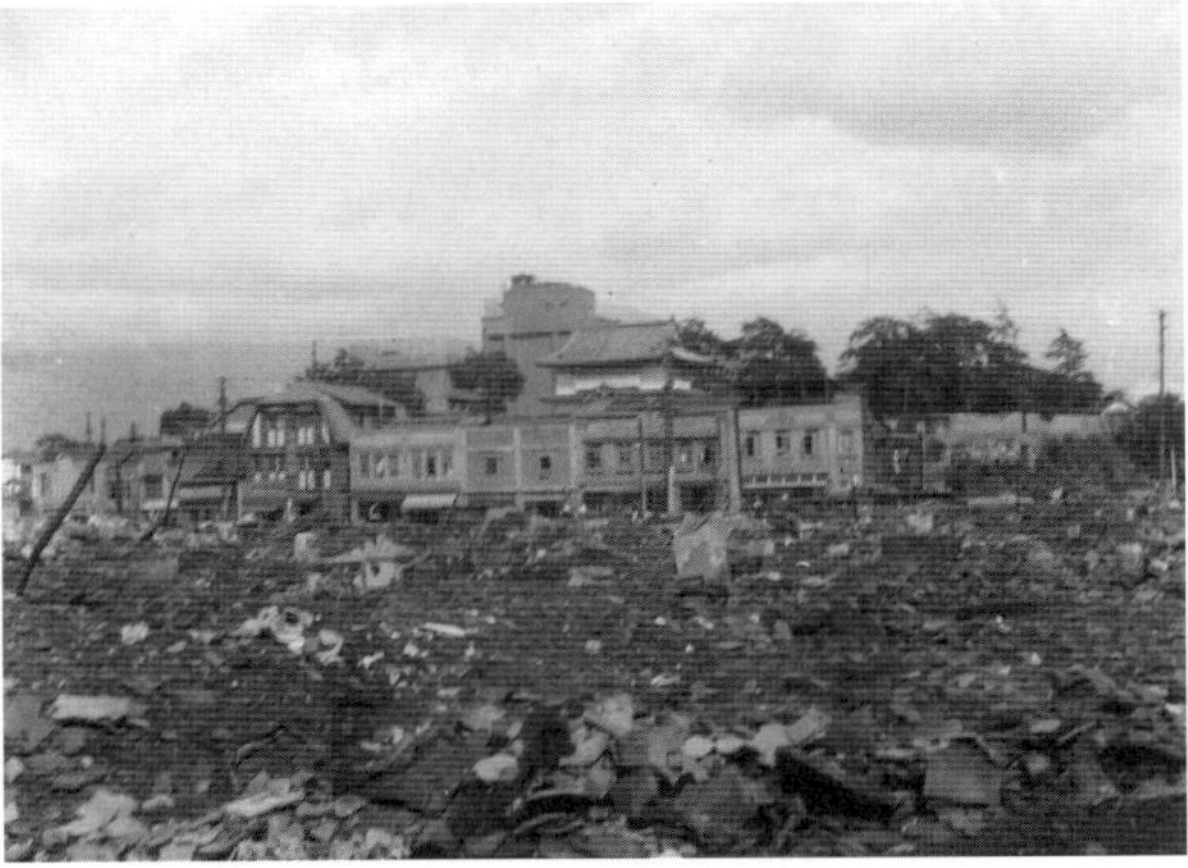

禁酒会館付近　正本安彦撮影　正本写真館所蔵

岡山城外下馬門跡（現・岡山県立図書館付近）

田町橋　1945 年 10 月 29 日　宗政博撮影

西川にかかる橋のひとつ。空襲のときは、難を逃れようと西川に飛び込んだ人が多かったようです。空襲後は、かなりの数の遺体が浮かんでいたとの証言も残っています。

西川沿いの卒塔婆《そとば》　宗政博もしくは矢延眞一郎撮影
西川で亡くなった犠牲者を弔《とむら》うためのものでしょう。

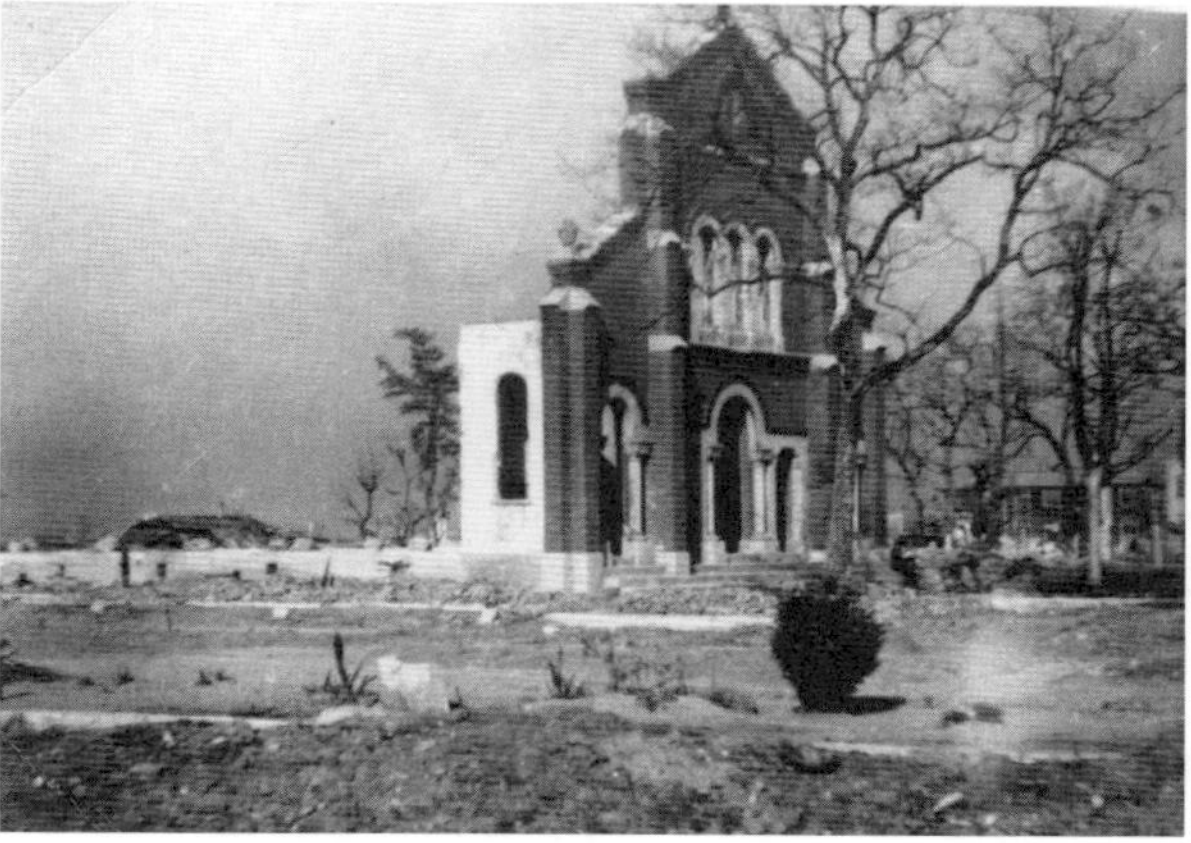

旧カトリック岡山教会　上田あつ子撮影

西中山下楠町付近　宗政博もしくは矢延眞一郎撮影
自宅が焼けてしまった人は、家族や知人にあてて避難先や転居先を知らせる立て札を出していました。

北区丸の内付近

●岡山県下への空襲

ポイント

1945年6月29日の岡山市への空襲以外にも、岡山県下は何度も空襲を受けていました。

たとえば、岡山空襲の1週間前の6月22日には、倉敷市水島の飛行機工場が爆撃され、大きな被害が出ています。このほかにも、真庭市や玉野市、倉敷市玉島にも爆弾を投下されたところがあります。日本近くの海までやってきたアメリカ軍・イギリス軍の空母から発進した艦載機による機銃掃射も何度も行われました。特に7月24日の攻撃は被害が大きいものでした。

また、アメリカ軍は8月頃に倉敷市を空襲する計画を立てていました。もし戦争が長引いていれば、倉敷の市街地も空襲されていたことでしょう。

岡山への空襲は6月29日の1度だけではありませんでした。

　岡山空襲の1週間前の6月22日には、倉敷市水島の三菱重工業倉敷航空機製作所もB‐29により500ポンド通常爆弾を投下され、大きな被害が出ています。これは、アメリカ軍の日本本土空襲でたえず行われた工場への高度精密爆撃の一環です。通常爆弾を使用した昼間の空襲で、岡山市街地からでもB‐29の機影がはっきりと見え、爆発による振動が伝わってきたとの証言も多く残されています。

1945年6月22日　水島空襲
（原資料：アメリカ国立公文書館所蔵・工藤洋三提供）
左下に爆撃による煙がたちのぼっています。

このほかにも小規模な空襲が岡山県下に対してたびたび行われていました。

岡山県下への初めての空襲は、1944年8月11日のことでした。この日、真《ま》庭《にわ》市蒜《ひるぜん》山下長田へB‐29により焼夷弾が落とされました。これはもともと長崎を目標とする作戦に参加したB‐29の1機が、目標を誤ったために起きたものでした。この時期のB‐29は中国の成都から日本に向かうしかなく、航続距離の都合で九州北部までしか到達できないはずでした。蒜山を空襲したこのB‐29も、中国の基地へ帰還する途中で燃料が切れ、墜落しています。

また、1945年3月から4月にかけては、B‐29単機による小規模な空襲が複数回ありました。これは、気象観測やレーダースコープ撮影（他のパイロットに共有するために、B‐29内のレーダースクリーンの画像を写真に撮ること）を目的にやってきた機体が、訓練をかねて爆弾を投下するものでした。

そして、1945年7月下旬には、アメリカ・イギリスの連合艦隊の空母から飛び立った艦載機が岡山や水島のまちを攻撃しました。そのうち7月24日に行われた機銃掃射は特に被害が大きく、朝の通勤時間帯の汽車などが狙われました。山陽本線沿いの駅、玉柏《たまがし》や西大寺駅（現・東岡山駅）での惨状《さんじょう》が伝えられています。

玉野空襲の爆撃で傷付いたレコード収納用タンス

1945年4月8日午後11時50分頃、玉野は空襲を受けました。このタンスがあった部屋では家族が寝ていましたが、乳児の世話を見るためにたまたま起きていた母親が爆弾の破片により首と指に大怪我を負いました。

金谷哲郎さんが描いた1945年7月の艦載機空襲のスケッチ

また、開けた場所を動き回る人間もねらわれました。こうした戦闘機を目撃した人々の証言では、操縦《そうじゅう》するパイロットの顔まで見えたといい、かなりの低空飛行で攻撃が行われました。

アメリカ軍の資料から確認できる終戦までの岡山県下への空襲はこれだけですが、実は倉敷市を空襲する計画も立てられていました。「世界的な絵画を多く所蔵する大原美術館があることで倉敷市は空襲を受けなかった」とする見解がありますが、これはまったく根拠《こんきょ》がないものです。

アメリカ軍が空襲の目標を検討するための180都市のリストでは、倉敷市は159番目に位置していました。そして、8月上旬には目標情報票やリト・モザイクが作られ、倉敷空襲はかなり具体的に検討されていました。空襲が行われるほぼ一歩手前の状況で、もしも終戦があと数日遅ければ倉敷市の中心部も空襲を受けていたと思われます。当の大原美術館でも、1945年6月30日と7月3日に所蔵する美術品を疎開《そかい》させています。

倉敷空襲のためのリト・モザイク　（原資料：アメリカ国立公文書館所蔵・工藤洋三提供）

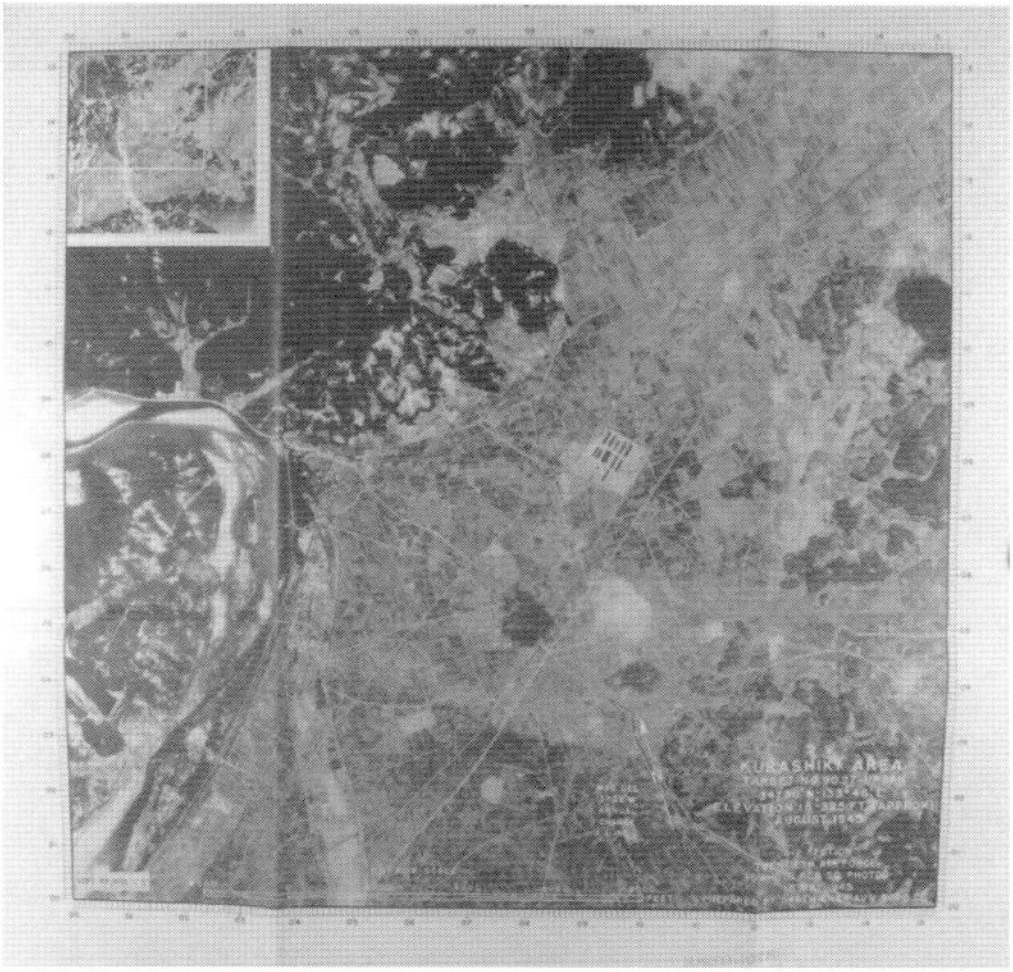

（全体）

（部分）

倉敷市街地の爆撃中心点の座標は「085044」に設定されています。その座標をたどると、現在の倉敷駅前阿知北交差点にあたります。元画像に一部加筆。

5　戦時中から戦後の岡山の人々のくらし

1931年の満州事変から、1937年の日中戦争、1941年のアジア・太平洋戦争を経て、1945年に終戦をむかえるまで、日本は常に他国と戦争状態にありました。

第一次世界大戦（1914〜18）以降の戦争は「総力戦」と呼ばれ、軍事力だけではなく、経済力や技術力、科学力、政治力、思想といった国家の全ての力を注ぎ込むものでした。そのため、戦場で戦う兵士だけでなく、戦場に送る兵器や食料などを生産するために多くの国民が動員されます。また、戦時下の社会ではあらゆることが戦争優先となり、人々のくらしは大きく変わっていくことになります。

①　徴兵《ちょうへい》と出征《しゅっせい》

戦争で主に戦うのはもちろん軍隊ですが、戦争の規模が大きくなったり、長引いたりすると、軍人や兵士の数が足りなくなります。それを補うために、一般の国民を軍に入隊させる徴兵制度がありました。

日本では1873年から、20歳以上の男性は軍隊に一定期間所属する義務がありました。こうして訓練を積んだ兵士を社会に大量にストックし、戦争に備えておくためのものが徴兵制度です。徴兵された人々は、軍に所属している間に戦争が起これば戦地に向かいます。また、訓練期間を終えた後でも、軍から召集がかかれば、それに応じて戦地に向かわなければなりませんでした。

日中戦争が激しくなるとともにアジア・太平洋戦争も始まると、1942年以降、徴兵される年齢は引き下げられ、最終的には17歳から45歳までの男性が徴兵されました。また、17歳以下でも志願兵になることができました。1943年からは、もともと卒業まで徴兵されないことになっていた大学生や高等専門学校生たちの一部も、戦地に向かうことになりました（学徒出陣）。

軍隊に入り、戦地に赴《おもむ》くことを出征といいます。出征は名誉《めいよ》なこととされ、家族や地域の人々から盛大に見送られました。無事を願って、千人針やお守り、寄せ書きされた日章旗などを贈られました。

しかし、激しさを増す戦争では多くの犠牲が出ました。日中戦争からアジア・太平洋戦争終結までの間に、日本の軍人・軍属では約230万人、民間人では約

出征兵士の見送り（宇野港付近） 1940 年頃　坂本一夫撮影
出征する兵士を見送るため、子どもたちも日の丸の旗や帽子を振っている姿が見えます。

第一次学徒出陣で出征する早稲田大学生 1943 年　個人所蔵

80万人が亡くなったと言われます。戦時中、彼らの犠牲は「名誉の戦死」といわれ、英雄のように扱われました。戦死者を出した家は「誉《ほまれ》の家」、その子どもは「誉の子」と呼ばれ、人々の戦意を高めるために利用されることもありました。

また、働き手である男性を出征や戦死により失った家庭は生活が苦しくなることが多く、周囲で支援するべきとされました。戦没者遺族や負傷兵の援護、出征兵士の見送りや残された家族の支援に活躍したのは、大日本国防婦人会などに所属する女性たちでした。

出征兵士の見送り（宇野港付近） 1940年頃 坂本一夫撮影
割烹着《かっぽうぎ》にたすきをかけた婦人会の女性の姿があります。

② すべては戦争のために――統制《とうせい》される社会

戦争にはとても多くの費用がかかるため、国内の資金と物資は兵器の生産に優先的に割り当てられるようになっていきます。

日本政府は国民すべてを戦争に協力させる「国民精神総動員運動」を行い、戦争費用をまかなうために国民へ郵便貯金や国債《こくさい》の購入をうながしました。1938年には「国家総動員法」が制定されます。これにより政府は、議会の承認《しょうにん》を経ずに、戦争に必要な物資や労働力を動員できるようになりました。このころから、ガソリンなどの軍需物資を優先的に確保するため、また物資不足をおぎなうために、さまざまな物資の配給《はいきゅう》制度（1938年～）や金属供出《きゅうしゅつ》（1941年～）が始まるようになりました。

1940年、近衛文麿《このえふみまろ》内閣は「国防国家体制」樹立の方針を示し、全ての政党は解散して10月に大政翼賛会《たいせいよくさんかい》が結成されました。各業種や団体も既存の組織は整理統合され、名前に「報国」や「翼賛」を付けた新たな組織へと再編されていきます。

同年9月には、内務省が都市には町内会、郡部には部落会を設置するよう全国に指導しました。その下部組織として隣組《となりぐみ》が置かれました。隣組では、月に2回程度、常会《じょうかい》と呼ばれる集会をして、動員などにも対応するよう指導されました。岡山市の場合は、学区単位で町内会が設置されました。

このようにして、組織的に国民を管理し、防空演習や金属製品の供出、食料などの配給を円滑に運営するための体制がつくられていきました。

●金属供出と代用品

戦争には軍艦や戦闘機などの兵器、鉄砲や大砲の弾などが大量に必要です。その材料となるのが、鉄などの金属です。この金属が足りなくなると、国は各家庭から金属製品を集め、それを溶かして兵器の材料にしようと考えました。こうして人々から国へ金属を差し出させることを金属供出といいます。鍋《なべ》や腕時計、結婚指輪、寺の鐘《かね》まで回収されました。

こうなると、ふだんのくらしのなかで金属を使うことができなくなります。そのため、陶器（焼き物）や木やガラスなどのさまざまな材料で、金属製品の代わりのもの（代用品）がつくられるようになりました。

金属のほかに革《かわ》やゴムなども戦争優先だったため、たとえば布や紙、竹で作ったランドセルを使ったり、靴《くつ》の代わりに藁《わら》やイグサで編んだぞうりやわらじを履《は》いたりしていました。

●配給制度

戦時下の社会では、あらゆる物資が戦争のために軍隊へと優先されるようになります。そのため政府は、物資の流通を制限するために配給制度を始めます。

配給制度の仕組みは、給食でたとえてみるとわかりやすいでしょ

岡山市内山下国民学校６年生　1945年３月　個人所蔵
教師は国民服にゲートル、女子はもんぺ姿です。なかには、ぞうりやわらじを履いている子もいます。

う。もし、何人かだけが、好きな量の食べ物を給食室から直接うばってしまうと、学校全員に必要な分が足りなくなってしまいます。そうならないように、給食では、まずクラスごとに決まった量の食べ物が割り当てられています。それを給食係が1人ずつに同じ量だけ配っていきます。

このように、さまざまな品物の全体の量を管理して、公平にいきわたらせるための仕組みが配給です。こうした方法を取らないと、物資不足の状況では一部の人が買い占めたり、物の値段が大幅に上がるなどの問題が出てきてしまうのです。まず1938年にガソリンの配給制度が始まりました。1941年には米の配給通帳制度が東京・大阪・名古屋などの大都市で導入され、やがて全国で実施されるようになります（配給量は大人一日あたり330g。およそ茶碗2杯分）。同じ年に酒や卵、魚類なども配給制になりました。配給の対象は、そのほかの食料品や調味料、衣類、日用品へと広がっていきます。

配給制になると、自由に品物を買うことができなくなります。日にちや受取場所が指定され、配給切符や通帳を持参しないと買えませんでした（もちろん、お金をはらう必要があります）。場合によっては、列を組んで長時間待たされることもあったようです。

さらに、戦局が悪化してくると、配給が遅れたり（遅配）、そもそも品物が届かなかったりして（欠配）買えないことも多くなりました。そして終戦後も配給制度はしばらく続きました。戦後の方が戦時中よりもさらに物資不足がひどく、遅配や欠配が多かったようです。配給制度は1949年頃から少しずつなくなっていきます。

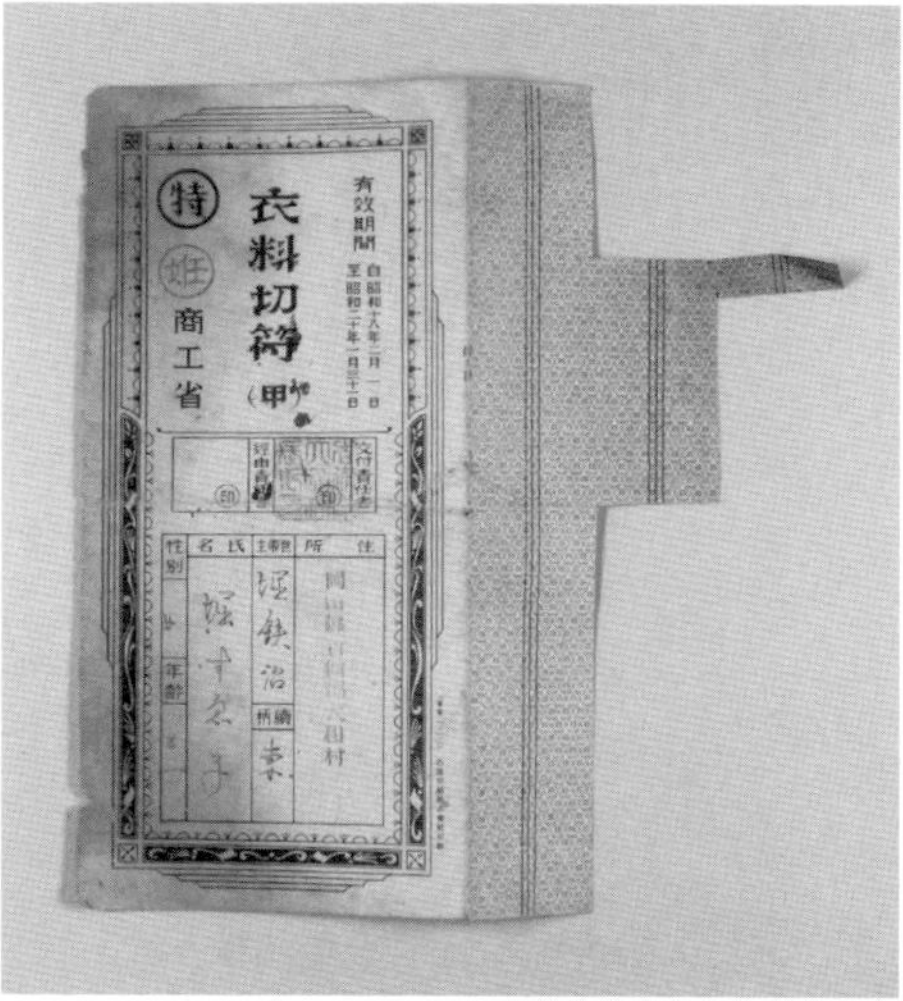

衣料切符

繊維《せんい》製品も軍需用が優先され、一般向けの衣類は手に入りにくくなります。衣料品は1942年から配給制になりました。シャツやスカートなど品目によって必要な切符の点数が異なりました。

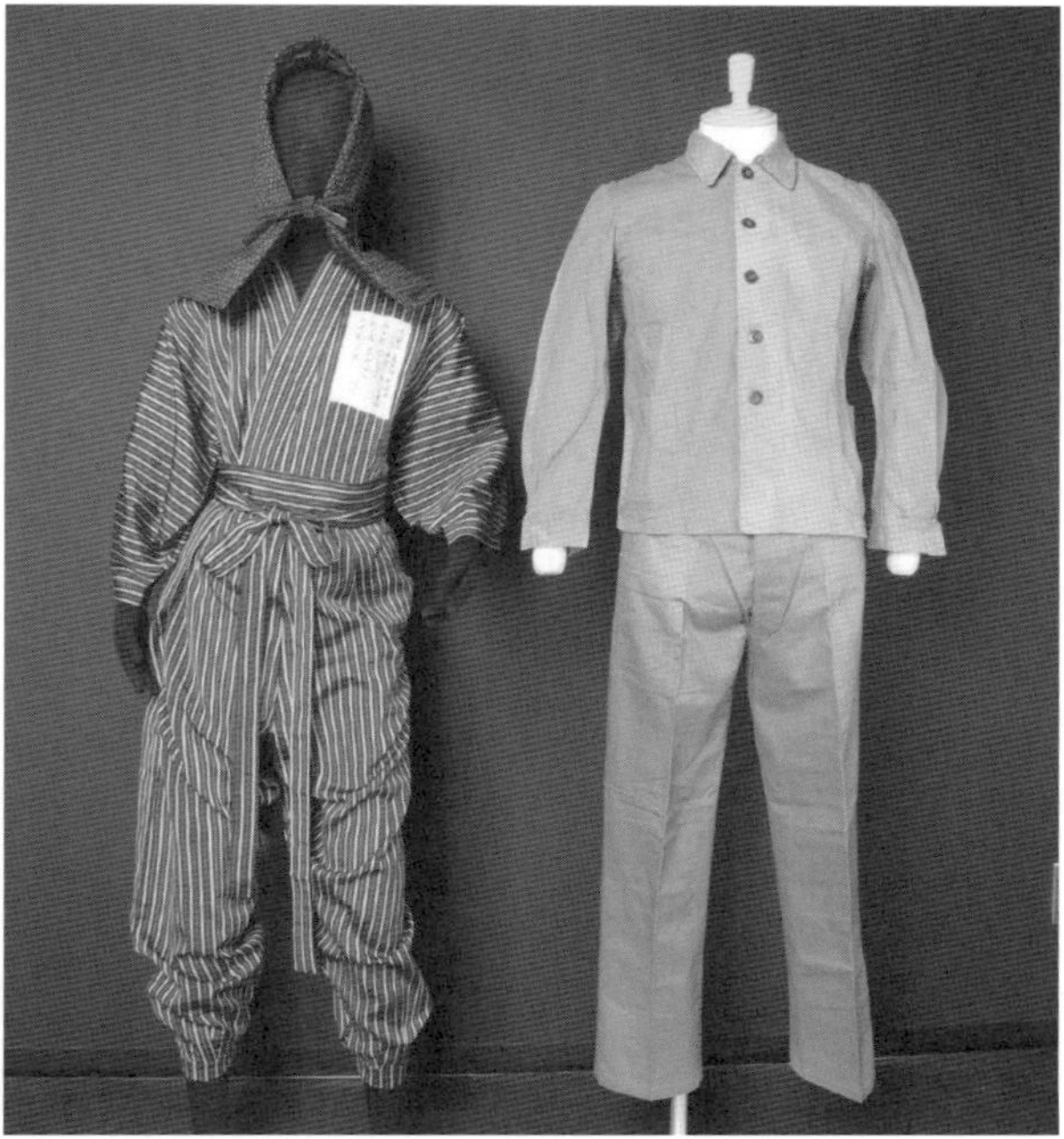

国民服（右）ともんぺ（左）

労働や空襲からの避難などにも対応できるように、活動しやすい簡素な服装がよいとされました。1940 年に定められた国民服令により、男性の衣類は国防色（カーキ色）の国民服が望ましいとされます。同じ色、同じデザインの服を流通させることで、繊維やコストの無駄を省く目的がありました。女性にも女子標準服などが考案されましたが、あまり普及せず、スカートや着物に代わって動きやすいもんぺが推奨されました。

●食料不足と代用食

戦時中から戦後にかけて、とくに食べ物がないのは切実な問題でした。配給だけでは足りず、都市部から農村まで出向いて、金品や着物などと引き換えに農作物をゆずってもらうことが多く行われていました。また、闇《やみ》と呼ばれる非合法のルートで手に入れることもありました。闇で購入する米（闇米）は配給で買う場合の何倍もの値段でした。少しでも足しにするため、野草をとったり、川や海で魚やトーチカエビ（アメリカザリガニ）をとったりもしていたようです。

中筋にあった闇市 1946年4月 緑川洋一撮影
緑川洋一記念室所蔵

今の岡山駅前商店街のあたりは、当時「中筋」と呼ばれ、大きな闇市ができていました。

米は貴重なのでふつうに炊かず、量を増やすために、かゆやぞうすいにしていました。かゆはほとんど重湯《おもゆ》に近い状態で、米粒がほんのわずかでもあればマシだったそうです。ぞうすいも、サツマイモやカボチャのくきや葉を入れて量を増やしていました。

米の代わりにほかの食べものを主食にすることを代用食といいます。代用食として多く食べられたのはイモやカボチャでした。また、食べられるものはなんでも粉にして、団子やパンも作っていました。岡山ではドンツクパンについて証言する人が多くいます。これは、小麦粉にドングリや雑穀、野草、米ぬかなどの粉を混ぜて焼き上げたパンだったようです。香ばしい匂いにつられて食べるも、とにかく「マズかった」とだれもが口をそろえます。

●岡山市民の防空活動

第一次世界大戦では空から爆弾などを投下する攻撃が高い成果をあげたことから、日本でも国民が空襲に備えねばならないとの気運が高まります。

1928年に大阪で初めて軍・官と民間が協力した大規模な防空演習が開催さ

れ、その翌年には名古屋で、1933年には東京でも行われました。岡山では1935年、当時の岡山市長・石原市三郎《いちさぶろう》の主導で大規模な防空演習が行われました。11月3日には練兵場（現・岡山総合グラウンド）で約5千人が参加して防護団の結成式が行われ、11月23日に本演習が行われています。

1937年に防空法が制定されると、国民にはさまざまな防空活動が義務付けられました。代表的なのがバケツリレーなどの消火訓練です。ほかにも、明かりが家の外にもれないように電球・電灯のまわりや窓を黒い布でおおう灯火管制、毒ガス弾の投下に対応するための消毒・防毒訓練、防空壕や待避《たいひ》壕への避難訓練、傷ついた人の手当てや炊き出しなどの救護活動などがあります。

また、1939年には消防活動に防空の役割も加えた警防団が置かれます。岡山でも学区ごとに警防団が組織され、町内会単位で消火や退避、救護などの訓練や防空訓練が定期的に行われるようになります。

このほか、空襲による火災が燃え広がるのを防ぐため、あらかじめ建物を取り壊して防火帯となる空き地をつくる、建物疎開《そかい》も行われました。岡山では、たとえば表町や番町の一部で建物疎開が行われたとの証言が残っています。

しかし、実際の大規模な空襲に対しては、こうした訓練での消火活動などはほとんど役に立ちませんでした。

警防団集合写真 撮影時期不明　個人所蔵

防空演習の様子 1942 年以前　個人所蔵

③ 戦争にとっての子ども

総力戦体制下の社会では、子どもたちは将来の兵士や人的資源としてみなされ、戦争協力を強いられていました。ふだんの生活のなかでも、衣服やおもちゃなど、子どもの身の回りの品々には戦争のモチーフがあふれていました。男子は国のために強い兵士や賢い技術者に、女子は兵士となる子どもをたくさん産み、丈夫に賢く育てられる良い母になることが求められました。

学校でも、軍事教練をはじめとした軍国主義的な教育が行われていました。やがて、戦局の悪化により、働き手である成人男性のほとんどが出征すると、農村や都市で労働力が不足するようになります。その不足を補うのも子どもたちでした。こうなると学業は二の次になり、子どもたちは農家の手伝いや工場での労働に動員されていきます。ほかにも、戦地の兵士や傷痍《しょうい》軍人（怪我や病気の兵士）の慰問、戦費調達のための貯蓄などを大人と同様にできる範囲で求められました。

また各地で空襲が本格化してくると、空襲を避けるため、あるいは空襲で母校を失ったため、家をはなれて遠くへ疎開せざるをえない子も多くいました。

●軍事教練

1925年、中等学校以上に陸軍の現役将校が教官として配属され、生徒たちに軍人としての基礎や射撃、指揮法などを身につけさせる軍事教練が行われるようになりました。

軍事教練は公立校では必須でしたが、私立では申告制でした。学校で教練を受けると徴兵が猶予《ゆうよ》されたり、軍隊にいる期間が短縮されたりするなどの特典がありました。そのため、学校教練の有無は入学志願者数に大きく影響し、私立校の多くが配属将校を受け入れていました。

また、小学校でも、男子には木銃を使った訓練、女子には薙刀《なぎなた》訓練・救護訓練・看護訓練が行われました。

軍事教練自体は、始まった当初は軍隊教育ではなく、心と体を鍛えるものという位置づけでした。派遣する将校も数が足りず、一人がいくつもの学校を掛け持ちするなどしたため、細かな指導にまで手がまわりにくかったようです。そのため、軍の内部からも手ぬるいという批判があり、1941年11月に内容が大きく改められます。そこでは「国民皆兵」をめざして基礎訓練を行うという、軍隊教育とより強くかかわるかたちになりました。

こうした教育をとおして、特に男子は軍隊へのあこがれを強くし、将来は兵隊を目指すようになる人が多くいました。

●労働力の供出――学徒動員と勤労奉仕

成人男性のほとんどが兵士として出征するため、各地で労働力が不足するようになります。限られた石油も軍事用が優先され、農作業は人力と牛などの家畜で行うしかありませんでした。このような状況でも、食料不足により、さらに農作物の増産が求められました。都市部の工場でも兵器の増産が求められ、農村部と同じく労働力が不足しました。その不足を補ったのが、女性や子どもたちなどの戦闘に直接参加しない「銃後《じゅうご》」とされる人々でした。

日中戦争が始まったころから、軍人援護のための勤労奉仕として、田植や稲刈りなどの農繁期に生徒を数日間動員することがすでに行われていました。

1943年からは旧制中学校や女学校の生徒の勤労動員を強化することが決まり、翌年からは兵器工場などへの長期間の通年動員が始まりました。終戦間際になると、学校の授業を1年間止めて、ほぼ毎日が農作業や工場での労働になっていました。岡山の場合は、農作業の行き先としては今村（現・岡山市北区今）や藤田村（現・岡山市南区藤田）、工場の労働では鐘ヶ淵紡績や倉敷紡績の工場に行く人が多かったようです。特に倉敷には軍需工場が多く、全国から動員されていました。

当時の義務教育は小学校（国民学校）までで、中学校以上への進学率は高くありませんでした。そんななかで勉強するために進学したのに、勤労動員のせいで満足に授業が受けられない状況に不満を覚えた人も多くいました。また、これまで農作業をしたことがない人にとっては、鎌《かま》などを使った慣れない作業で怪我をして大変だったそうです。一方で、農作業の休憩《きゅうけい》時間には当時めったに食べられない白米のおにぎりやおやつをもらえたり、工場での労働では給料をもらえたり、といったこともあったようです。

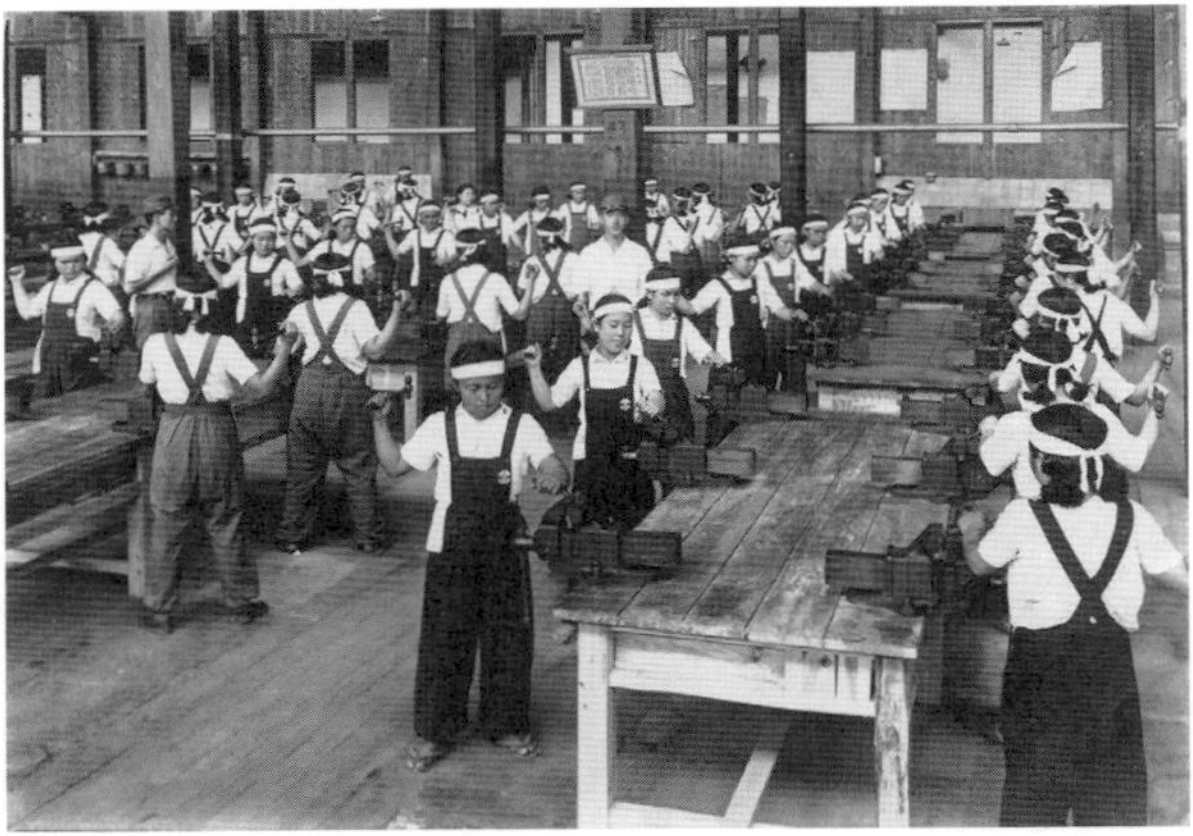

倉敷紡績万寿《ます》工場でタガネを打つ訓練をする井原高等女学校生徒 1944 ～ 45 年　森下雅子旧蔵

稲刈りをする岡山県第一岡山商業学校の勤労奉仕隊　中区倉益　1941 年 11 月

④ 戦後のくらしと復興《ふっこう》

1945年3月以降、アメリカ軍による日本各地への空襲は激しさを増し、8月6日には広島に、9日には長崎に原子爆弾が投下されました。また、8月8日にソビエト連邦が日本に対し宣戦布告して侵攻を始めたことで、日本は降伏せざるをえなくなりました。日本はポツダム宣言を受け入れ、8月15日には昭和天皇による「終戦の詔書《しょうしょ》」の朗読がラジオ放送（玉音《ぎょくおん》放送）され、国民に終戦が知らされました。

終戦により人々は空襲や戦闘の恐怖から解放されました。しかし、進駐軍による占領への不安感、復員や引揚《ひきあげ》による人口増加に伴ってますます深刻になる食料不足や感染症の流行、激しいインフレなど、多くの人が戦時中よりも戦後の方が大変だったと振り返っています。

⑮岡山市の当初の復興計画

終戦時、被害を受けた都市の数は200以上ありましたが、戦災都市に指定されたのは岡山市も含めて当初115都市でした。1945年11月には戦災復興院がおかれ、12月には戦災地復興計画基本方針が閣議決定されました。

11月22日に市長となったばかりの橋本富三郎《とみさぶろう》は、岡山市の復興計画に精力的に取り組みます。1946年6月13日、内閣府の認可を受けた最初の復興計画案が発表されました。それは、2路線の道路を幅員70ｍに拡張し、岡山後楽園を含む旭川沿岸などに広大な公園緑地を計画するなど、大規模な区画整理を伴うものでした。

橋本富三郎は6月15日には独自に岡山市の復興局を開設して体制を整えていきます。しかし、戦時中に合同新聞社社長を務めていたことから公職追放となり、1947年2月には市長を退きます。また、戦後の厳しい財政事情と住民の負担の大きさから批判や反対意見が上がり、当初の復興案は大幅に縮小されることになります。

当初の案こそ実現しなかったものの、終戦から数年間のうちに撮られた写真を見ると、岡山のまちは着実に復興を遂げていったことがわかります。日本全国が大きな被害を受けており、人手も費用も建築資材も充分ではなかったと思われますが、当時の人々の「岡山をたてなおすのだ」という気持ちが伝わってきます。そうした人々の営みが、現在の私たちがくらす岡山のまちの姿につながっているのです。

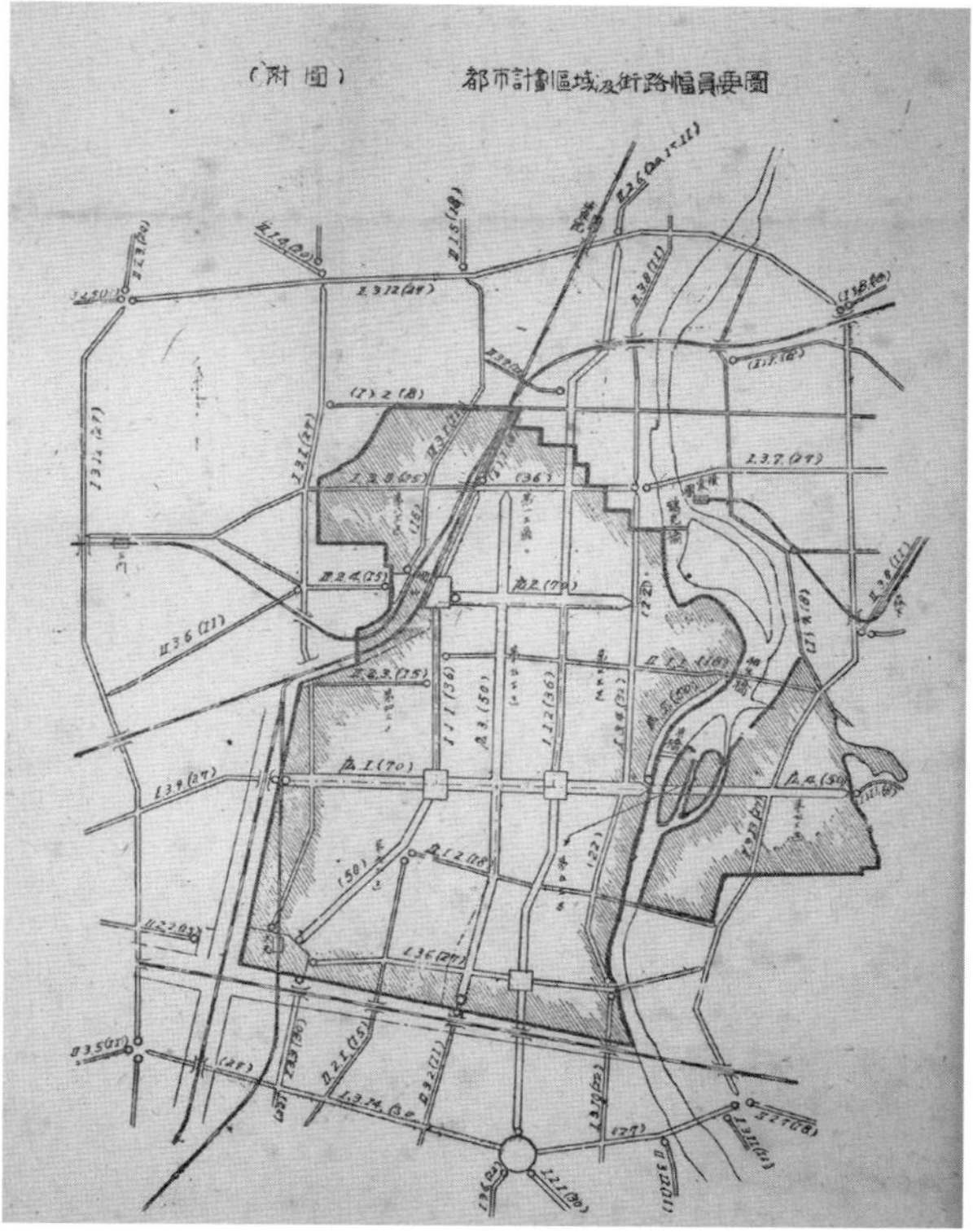

『岡山市は如何に復興されるか』付属の都市計画案の図
岡山市立中央図書館所蔵

1946 年 6 月に内閣府の認可を受けた都市計画案について一般向けに説明するため、『岡山市は如何に復興されるか』が刊行されました。この図では、現在の桃太郎大通り、大雲寺前交差点を東西に伸びる道路の 2 路線を 70m 幅に広げる計画だったことがわかります。また、大元駅の南側を東西に通る線路が描かれていますが、これは戦前から計画が進んでいた高速鉄道「弾丸列車」のためのものでした。しかし、どちらも実現しませんでした。

家を建て直す人々 1946 年　緑川洋一撮影
緑川洋一記念室所蔵

日本銀行岡山支店（現・ルネスホール）から天満屋方面
1945 年 10 月　吉田堅撮影

日本銀行岡山支店（現・ルネスホール）から南西方面
1945 年 10 月　吉田堅撮影

日本銀行岡山支店（現・ルネスホール）から天満屋方面
1946 年 5 月　吉田堅撮影

日本銀行岡山支店（現・ルネスホール）から南西方面
1946 年 5 月　吉田堅撮影

日本銀行岡山支店（現・ルネスホール）から天満屋方面
1947 年 2 月　吉田堅撮影

日本銀行岡山支店（現・ルネスホール）から南西方面
1947 年 2 月　吉田堅撮影

1948 年 4 月　坂本一夫撮影

日本銀行岡山支店（現・ルネスホール）から天満屋方面
1950 年 6 月　吉田堅撮影

天満屋岡山本店から撮影された岡山市街地

日本銀行岡山支店（現・ルネスホール）から南西方面
1950年6月　吉田堅撮影

あとがき

この仕事をしていると「岡山も空襲を受けていたなんて知らなかった」との声を聞くことがたびたびあります。恥ずかしながら、実は私も、今の職場で働くようになるまでは似たようなものでした。

学校で沖縄戦を題材にしたらしき映画を見たり、広島・長崎の原爆の資料館へ修学旅行で行ったりした記憶はあるけれど、はたして地元の空襲について小中学校で習ったかどうか記憶が定かではありません。祖父母や両親も岡山出身ではなかったので、家庭内で話題になったこともありません。大学でも近現代史や軍事関係を専攻したわけでもなく、就職試験のときに大あわてで関連書籍を3、4冊読んで挑みました。よく採用されたものです。合格の連絡をもらったときに「本当ですか?」と聞き返して、電話先の相手（のちの上司）を苦笑させたことを今でもありありと思い出します。

むしろ今にして思えば、そういうことを特に気にせずに過ごせていたことが、まさに「平和」であることの証左だったのでしょう。

平成から令和にかけては戦争がない平和な時代と言われます。しかし、それは日本が直接関わる戦争がなかっただけで、世界に目を向けると事情は異なります。２０２４年現在、ロシアによるウクライナ侵攻（２０２２～）やイスラエル・パレスチナ戦争（２０２３～）という大きな戦争が続いています。これ以外にも、２０００年以降だけで実に20から30もの戦争・紛争が世界中で起こっていました。それにより、罪のない多くの人々が犠牲になっています。

なぜ戦争が起きるのか。戦争が起きると社会はどのように変わるのか。戦争はどれだけの被害と悲劇を生むのか。これらを過去の歴史からまなぶことは、悲惨な戦争を繰り返さないため、そして平和な世の中をつくっていくための一助となるはずです。

「はじめに」でもふれた『岡山の戦災』のあとがきには、「戦後すでに四十年たった。（中略）戦争体験は風化し、消滅しようとしている」とあります。そこからさらに約40年が過ぎました。戦時下を生きた人はみな80歳以上となり、日本の人口の約７割が戦後生まれ世代となっています。まさに今こそが、戦争の記録と記憶を後世につなぐことができる最後のときでしょう。

そうした状況を見すえてか、本書を書く際には「小中学生にもわかりやすいものを」とのオーダーがありました。かなりかみくだいた内容にしましたが、それでもまだ小中学生には難しく、逆に深く知りたい人にとっては物足りない、となっていたら、その責任はわたしにあります。読者の皆様のご批判、ご叱正を賜れればと思います。

最後になりましたが、本書を成すにあたって多くの方にお世話になりました。なかでも工藤洋三氏、故・緑川洋一氏のご遺族、岡山市立中央図書館、岡山空襲展示室には、画像の使用について格別のご高配を賜りました。また、本書執筆の機会を与えてくださった日本文教出版編集部には、原稿を辛抱強くお待ちいただいたことを深謝するとともに、いつもあたたかくはげましてくださったことに厚く感謝申し上げます。

2024年8月　木村　崇史

参考文献一覧

単行本等

『岡山市史　戦災復興編』、岡山市役所、１９６０年
『語りつぐ記憶　伝えていく平和の思い—おかやまの戦争・戦災体験集—』、岡山市、２０１６年
岡山女性史研究会編著『岡山の女性と暮らし「戦前・戦中」の歩み』、山陽新聞社、２０００年
荒井信一『空爆の歴史』、岩波書店、２００８年
奥住喜重『B-29　64都市を焼く』、揺籃社、２００６年
奥住喜重・工藤洋三訳・編『米軍資料　北九州の空襲』、北九州の空襲を記録する会、２００２年
工藤洋三『OKAYAMA6・29米軍資料の中の岡山空襲』、手帖舎、１９９６年
工藤洋三・奥住喜重『写真が語る日本空襲』、現代史料出版、２００８年
工藤洋三『米軍の写真偵察と日本空襲』、２０１１年
工藤洋三『日本の都市を焼き尽くせ！』、２０１５年
工藤洋三『アメリカ海軍艦載機の日本空襲』、２０１８年
小山仁示『米軍資料 日本空襲の全容 マリアナ基地B-29部隊【新装版】』、東方出版、２０１８年
柴田武彦・原勝洋『日米全調査ドーリットル空襲秘録』、PHP研究所、２０１６年
野村増一『岡山の戦災』、日本文教出版、１９８５年
日笠俊男『B-29墜落』、吉備人出版、２０００年

日笠俊男『米軍資料で語る岡山大空襲』、吉備人出版、２００５年
日笠俊男『Ｂ－29少数機空襲』、吉備人出版、２００６年
日笠俊男『米海軍機動部隊艦載機の岡山県南空襲』、吉備人出版、２０１２年
日笠俊男『警報はなぜ遅れたのか』、吉備人出版、２０１３年

論文

飯島章仁「岡山市の復興計画―深柢小学校の再建過程とあわせて―」『第42回岡山戦災の記録と写真展』図録、岡山市、２０１９年
飯島章仁「岡山市における昭和21～22年の戦災史編纂調査について」『第43回岡山戦災の記録と写真展』図録、岡山市、２０２０年
工藤洋三「岡山県下初空襲とＢ－29部隊」『第43回岡山戦災の記録と写真展』展図録、岡山市、２０２０年
辻野喬雄「二回の岡山空襲の死者数について―ふたつの『岡山市史』の検証―」『人権21・調査と研究』263号、おかやま人権研究センター、２０１９年
前原茂雄「蒜山原陸軍演習場と地域社会―語りで描く実像」『岡山県立記録資料館紀要』第15号、２０２０年
山本達也「岡山空襲で用いられた焼夷弾とその信管について」『第41回岡山戦災の記録と写真展』図録、岡山市、２０１８年

謝辞

本書の出版にあたり、ご協力いただきました関係各位に心より感謝申し上げます。

飯島章仁、池田豊、猪原千恵、今石瑞枝、金谷哲郎、工藤洋三、黒住利夫、黒住美江子、坂本昇、妹尾清司、西瑞子、人見辰江、古木初美、正本仁、緑川皓一、吉田堅、岡山空襲展示室、岡山市教育委員会文化財課、岡山市福祉援護課、岡山市立中央図書館、正本写真館、緑川洋一記念室（順不同、敬称略）

なお、本書掲載の写真のうち、所蔵先を特に示していないものは岡山空襲展示室の所蔵資料です。

著者略歴

木村　崇史（きむら　たかふみ）

岡山空襲展示室学芸員。
岡山大学大学院社会文化科学研究科博士後期課程中退。修士（文学）。複数の美術館・博物館勤務を経て 2012 年より現職。「岡山戦災の記録と写真展」を担当。

岡山文庫 336　岡山空襲 ─記録と写真からまなぶ─

令和 6（2024）年 10 月 29 日　初版発行

著　者　木村　崇史
発行者　荒木　裕子
印刷所　研精堂印刷株式会社

発行所　岡山市北区伊島町一丁目 4-23 **日本文教出版株式会社**
電話岡山（086）252-3175（代）
振替 01210 － 5 － 4180（〒 700-0016）
http://www.n-bun.com/

ISBN978-4-8212-5336-4

● 岡山県の百科事典

二百万人の

岡山文庫

○数字は品切れ

1. 岡山の植物・西原礼之助
2. 岡山の祭と踊・神野 力
(3.) 岡山の焼物・桂 又三郎
(4.) 岡山の古墳・鎌木義昌
5. 岡山の民家・鶴藤鹿忠
(6.) 岡山の文学碑・山本遺太郎
7. 岡山の仏たち・脇田秀太郎
8. 岡山の動物・松本邦夫
9. 岡山の鳥・杉 鮫太郎
10. 大原美術館・藤田慎一郎
11. 岡山後楽園・宗 定克則・杉 鮫太郎
12. 岡山歳時記・吉岡三平
13. 岡山の建築・巌津政右衛門
(14.) 瀬戸内海・緑川洋一
15. 岡山の民芸・外村吉之介
(16.) 吉備路・神野 力
17. 岡山の魚・青木五郎
18. 岡山の昆虫・倉敷昆虫同好会
19. 岡山の城と城址・藤井 駿・市川俊介
(20.) 岡山の果物・三宅忠一
21. 岡山の風物・岡山県広報協会
22. 吉備の女性・吉岡三平
(23.) 岡山の伝説・立石憲利
24. 岡山の酒・小出 巌・西原礼之助
(25.) 岡山の街道・山陽新聞社
(26.) 岡山の絵画・脇田秀太郎・巌津政右衛門
(27.) 水島臨海工業地帯・平方与平
(28.) 岡山の旅・岡山県観光連盟
29. 蒜山高原・二若・富国・徳山
30. 岡山の歌謡・英 玲二
(31.) 岡山の遺跡めぐり・間壁忠彦・葭子
(32.) 備前焼・小山冨士夫・藤原 雄・中村昭夫
33. 岡山文学風土記・大岩徳二
(34.) 美作路・小山健三
35. 岡山の俳句・塩尻青笳・島津青沙
36. 岡山音楽夜話・保田太郎
37. 閑谷学校・巌津政右衛門・坂本一夫
38. 岡山の川柳・弓削川柳社
39. 岡山の民話・岡山民話の会
(40.) 岡山の刀剣・小林種次
41. 岡山の短歌・杉 鮫太郎・藤原幾太
(42.) 岡山の医学・中山 沃
43. 岡山の蘭草・鈴木尚夫・中村昭夫
(44.) 岡山の人物・黒崎秀明
(45.) 岡山の駅・難波数丸
46. 岡山の現代詩・坂本明子
(47.) 岡山の交通・藤沢 晋
(48.) 岡山の教育・秋山和夫
(49.) 備中神楽・山根堅一・坂本一夫
50. 岡山の民具・鶴藤鹿忠
(51.) 岡山の宗教・長光徳和
52. 吉備津神社・藤井 駿・坂本一夫
53. 岡山の貨幣・原 三正
(54.) 岡山の古戦場・多和和彦
55. 岡山の石造美術・巌津政右衛門
(56.) 岡山の方言・十河直樹
57. 岡山の歴史・柴田 一
58. 岡山事物起源・吉岡三平
(59.) 高梁川・宗田克巳
(60.) 岡山の干拓・吉岡三平・進 昌三
61. 岡山の電信電話・萩野 秀
62. 吉備高原・宗田克巳
63. 岡山のおもちゃ・吉永義光
64. 吉井川・宗田克巳
65. 岡山の港・巌津政右衛門
66. 岡山の絵馬と扁額・脇田秀太郎
(67.) 旭川・宗田克巳
68. 岡山の温泉・石井 猛・圓堂 稔
69. 岡山の県政史・蓬郷 巌
70. 岡山の道しるべ・巌津政右衛門
71. 岡山の笑い話・稲田浩二・和子
72. 美作の歌舞伎芝居・二宮朔山
(73.) 岡山の民間信仰・三浦秀宥
(74.) 岡山の奇人変人・蓬郷 巌
75. 岡山の食習俗・鶴藤鹿忠
76. 岡山の明治洋風建築・中力 昭
77. 山陽路の地理散歩・宗田克巳
(78.) 岡山の風俗・蓬郷 巌
79. 岡山の海藻・大森長朗
(80.) 岡山の書・佐藤英夫
81. 岡山浮世噺・岡 長平
82. 岡山の神社仏閣・市川俊介
83. 中国山地・三浦秀宥・竹内平吉郎
(84.) 岡山の島・巌津政右衛門
85. 岡山の山と峠・宗田克巳
86. 吉備の石ぶみ・井上雄風
(87.) 岡山の怪談・佐藤米司
88. 岡山の自然公園・山陽カメラクラブ
89. 岡山の漁業・西川 太
90. 岡山の天文気象・石田五郎・佐橋 謙
91. 岡山の郵便・萩野 秀
(92.) 岡山の鉱物・沼野忠之
93. 岡山のふるさと村・巌津政右衛門
94. 岡山の経済散歩・吉永義光
95. 岡山の庭・山本利幸・前田勝也
96. 岡山の匠・浅原 健
97. 岡山の童うたと遊び・立石憲利
98. 岡山の衣服・福尾美夜
(99.) 岡山の民俗・土井卓治・佐藤米司・鶴藤鹿忠
(100.) 岡山の樹木・西原礼之助・古屋野寛

101. 岡山と朝鮮・西川　宏
102. 岡山の和紙・臼井英治
103. 岡山の艶笑譚・立石憲利
104. 岡山の文学アルバム・山本遺太郎
105. 岡山の映画・松田完一
106. 岡山の石仏・厳津政右衛門
107. 岡山の橋・宗田克巳
108. 岡山のエスペラント・岡　一太
109. 岡山の狂歌・蓬郷　巌
110. 百間川・岡山の自然を守る会
111. 夢二のふるさと・真田芳夫・葛原茂樹
112. 岡山の梵鐘・川端定三郎
113. 岡山の演劇・山本遺太郎
114. 岡山話の散歩・岡　長平
115. 岡山地名考・宗田克巳
116. 岡山の戦災・野村増一
117. 岡山の町人・片山新助
118. 岡山の会陽・三浦　叶
119. 岡山の石・宗田克巳
120. 岡山の滝と渓谷・川端定三郎
121. 岡山の味風土記・岡　長平
122. 目でみる岡山の明治・厳津政右衛門
123. 岡山の散歩道 西東・佐藤米司
124. 目でみる岡山の大正・蓬郷　巌
125. 児島湾・同前峰雄
126. 岡山の庶民夜話・佐上静夫
127. 岡山の修験道の祭・川端定三郎
128. 目でみる岡山の昭和Ⅰ・蓬郷　巌
129. 岡山のふるさと雑話・佐上静夫
130. 岡山のことわざ・佐藤・次田・竹内・福尾
131. 目でみる岡山の昭和Ⅱ・蓬郷　巌
132. 瀬戸大橋・ＯＨＫ編
133. 岡山の路上観察・香川・河原
134. 岡山の相撲・二宮朔山
135. 岡山の古文献・中野美智子
136. 岡山の門・小出公大
137. 岡山の内田百閒・岡　将男
138. 岡山の彫像・蓬郷　巌
139. 岡山の名水・川端定三郎
140. 両備バス沿線・両備バス広報室
141. 岡山の明治の雑誌・片山・来田・菱川
142. 岡山の災害・蓬郷　巌
143. 岡山の看板・河原　馨
144. 由加山・原　三正
145. 岡山の祭祀遺跡・八木敏乗
146. 岡山の表町・岡山を語る会
147. 逸見東洋の世界・臼井洋輔
148. 岡山ぶらり散策・河原　馨
149. 岡山名勝負物語・久保三千雄
150. 坪田譲治の世界・善太と三平の会
151. 備前の霊場めぐり・川端定三郎
152. 藤戸・原　三正
153. 矢掛の本陣と脇本陣・武・中山・岡田・池田・柴口
154. 岡山の図書館・黒崎義博
155. 岡山の戦国時代・松本幸子
156. 岡山の資料館・河原　馨
157. カブトガニ・惣路紀通
158. 正阿弥勝義の世界・臼井洋輔
159. 木山捷平の世界・定金恒次
160. 岡山の備前ばらずし・窪田清一
161. 良寛さんと玉島・森脇正之
162. 備中の霊場めぐり・川端定三郎
163. 岡山の多層塔・小出公大
164. 六高ものがたり・小林宏行
165. 下電バス沿線・下電編集室
166. 岡山の博物館めぐり・川端定三郎
167. 岡山の民間療法(上)・鶴藤鹿忠・竹内平吉郎
168. 吉備高原都市・小出公大
169. 玉島風土記・木村岩治
170. 洋学者箕作阮甫とその一族・森脇正之
171. 夢二郷土美術館・松田基・槍原雄一
172. 岡山のダム・川端定三郎
173. 岡山の森林公園・河原　馨
174. 宇田川家のひとびと・水田楽男
175. 岡山の民間療法(下)・鶴藤鹿忠・竹内平吉郎
176. 岡山の温泉めぐり・川端定三郎
177. 阪谷朗廬の世界・山下五樹
178. 目玉の松ちゃん・尾上松之助・中村房吉
179. 吉備ものがたり(上)・市川俊介
180. 中鉄バス沿線・中鉄バス(株)企画部
181. 飛翔と回帰―国吉康雄の西洋と東洋・小澤善雄
182. 岡山の智頭線・河原　馨
183. 出雲街道・片山　薫
184. 備中高松城の水攻め・市川俊介
185. 美作の霊場めぐり・川端定三郎
186. 吉備ものがたり(下)・市川俊介
187. 津山の散策 にし ひがし・黒田晋・竹内平吉郎
188. 倉敷福山と安養寺・前川　満
189. 鷲羽山・山本慶一・西田正憲
190. 和気清麻呂・仙田　実
191. 岡山たべもの歳時記・鶴藤鹿忠
192. 岡山の源平合戦談・市川俊介
193. 岡山の氏神様・二宮朔山
194. 岡山の乗り物・蓬郷　巌
195. 岡山・備前地域の寺・川端定三郎
196. 岡山ハイカラ建築の旅・河原　馨
197. 牛《うし》窓《まど》を歩く・前川　満
198. 岡山のレジャー地・倉敷ぶんか倶楽部
199. 斉藤真一の世界・斉藤裕重・イシイ省三
200. 巧匠　平櫛田中・原田純彦

201. 総社の散策・神野　力・葛原克人・加藤信二
202. 岡山の路面電車・楢原雄一
203. 岡山ふだんの食事・鶴藤鹿忠
204. 岡山のふるさと市・倉敷ぶんか倶楽部
205. 岡山の流れ橋・渡邉隆男
206. 岡山の河川拓本散策・坂本亜紀児
207. 備前を歩く・前川　満
208. 岡山言葉の地図・今石元久
209. 岡山の和菓子・太郎良裕子
210. 吉備真備の世界・中山　薫
211. 柵原散策・片山　薫
212. 岡山の岩石・野瀬重人・沼野忠之
213. 岡山の能・狂言・金関　猛
214. 岡山の鏝絵・赤松壽郎
215. 山田方谷の世界・朝森　要
216. 岡山おもしろウオッチング・おかやま路上観察学会
217. 岡山の通過儀礼・鶴藤鹿忠
218. 日生を歩く・前川　満
219. 備北・美作地域の寺・川端定三郎
220. 岡山の親柱と高欄・渡邉隆男
221. 西東三鬼の世界・小見山輝
222. 岡山の花粉症・三好・難波・岡野・山本
223. 操山を歩く・谷淵陽一
224. おかやま山陽道の拓本散策・坂本亜紀児
225. 霊山熊山・仙田　実

226. 岡山の正月儀礼・鶴藤鹿忠
227. 原子物理学の父 仁科芳雄・井上　泉・イシイ省三
228. 赤松月船の世界・定金恒次
229. 邑久を歩く・前川　満
230. 岡山の宝箱・臼井洋輔・臼井隆子
231. 平賀元義を歩く・渡部秀人・竹内佑宜
232. 岡山の中学校運動場・奥田澄二
233. おかやまの桃太郎・市川俊介
234. 岡山のイコン・植田心壮
235. 神島八十八ヶ所・坂本亜紀児
236. 倉敷ぶらり散策・倉敷ぶんか倶楽部
237. 作州津山 維新事情・竹内佑宜
238. 坂田一男と素描・妹尾克己・イシイ省三
239. 岡山の作物文化誌・臼井英治
240. 児島八十八ヶ所霊場巡り・倉敷ぶんか倶楽部
241. 岡山の花ごよみ・前川　満
242. 英語の達人・本田増次郎・小原　孝
243. 城下町勝山ぶらり散策・橋本惣司・倉敷ぶんか倶楽部
244. 高梁の散策・朝森　要
245. 薄田泣菫の世界・黒田えみ
246. 岡山の動物昔話・立石憲利・江草昭治
247. 岡山の木造校舎・河原　馨
248. 玉島界隈ぶらり散策・小野敏也・倉敷ぶんか倶楽部
249. 岡山の石橋・北脇義友
250. 哲西の先覚者・加藤章三

251. 作州画人伝・竹内佑宜
252. 笠岡諸島ぶらり散策・NPO法人かさおか島づくり海社
253. 磯崎眠亀と錦莞莚・吉原　睦
254. 岡山の考現学・おかやま路上観察学会
255. 「備中吹屋」を歩く・前川　満
256. 上道郡沖新田・安倉清博
257. 続・岡山の作物文化誌・臼井英治
258. 土光敏夫の世界・猪木正実
259. 吉備のたたら・岡山地名研究会
260. いろはで綴る ボクの子供事典・赤枝郁郎
261. 民話の里 鏡野町伝説紀行・立石憲利・片田知宏
262. 笠岡界隈ぶらり散策・ぶらり笠岡友の会
263. つやま自然のふしぎ館・森本信一
264. 岡山の山野草と野生ラン・小林克己
265. 文化探検 岡山の甲冑・臼井洋輔
266. ママカリ ヒラに まったりサーラ・窪田清一
267. 岡山の駅舎・河原　馨
268. 守分 十の世界・猪木正実
269. 備中売薬・土岐隆信・木下　浩
270. 倉敷市立美術館・倉敷市立美術館
271. 津田永忠の新田開発の心・柴田　一
272. 岡山ぶらりスケッチ紀行・南　一平・網本善光
273. 倉敷美観地区 歴史と民俗・吉原　睦
274. 森田思軒の世界・倉敷ぶんか倶楽部
275. 三木行治の世界・猪木正実

276. 岡山路面電車各駅街歩き・倉敷ぶんか倶楽部
277. 赤磐きらり散策・高畑富子
278. 岡山民俗館 民具一〇〇選・岡山民俗学会
279. 笠岡市立竹喬美術館・笠岡市立竹喬美術館
280. 岡山の夏目金之助(漱石)・横山俊之・熊代正英
281. 吉備の中山を歩く・熊代哲士・熊代建治
282. 備前刀 日本刀の王者・佐藤寛介・植野哲也
283. 繊維王国おかやま今昔・猪木正実
284. 温羅伝説・中山　薫
285. 現代の歌聖 清水比庵・笠岡市立竹喬美術館
286. 鴨方往来拓本散策・坂本亜紀児
287. 玉島旧柚木家ゆかりの人々・倉敷ぶんか倶楽部
288. カバヤ児童文庫の世界・岡　長平
289. 野﨑邸と野﨑武左衛門・猪木正実
290. 岡山の妖怪事典 妖怪編・木下　浩
291. 松村緑の世界・黒田えみ
292. 吉備線各駅ぶらり散策・倉敷ぶんか倶楽部
293. 「郷原漆器」復興の歩み・高山雅之
294. 作家たちの心のふるさと・加藤章三
295. 自画像の異彩画家 河原修平の世界・倉敷ぶんか倶楽部
296. 岡山の妖怪事典 鬼・天狗・河童編・木下　浩
297. 歴史・伝承・文学・アート 岡山の魅力再発見・柳生尚志
298. 井原石造物歴史散策・大島千鶴
299. 岡山の銀行 合併・陶太の150年・猪木正実
300. 吹屋ベンガラ・臼井洋輔